용서 그리고 사랑

용서 그리고 사랑

최성주 지음

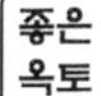

좋은
옥토

이 글을 쓰고자 한 강렬한 이유

의로운 영혼으로 사는 길은

내면이 조용하고, 깨끗하고 청정해서, 뽀그리 창조적 지식을 느끼고 들으면서 사는 것이기 때문이다

내면이 조용하고, 깨끗하고, 청정해지기 위해서는

과거에 발생한 미연소 찌꺼기를 태워서 물로 씻어 내야 하기 때문이다

그 방법이 바로 완전히 용서하고 용서해서 참사랑 하는 것이기 때문이다

내 안에 있는 찌꺼기를 청소하고 조용하고, 깨끗하고 청정하게 살기 위해서는

의로운 영혼의 행동

"함께하고, 도와주고, 참사랑" 살아주어 의로운 영혼인 내면의 공간을 더 커지게 도와준다, 그래서, 혹시 있을시 모를 찌꺼기는 점점 더 작아진다

나는 의로운 영혼으로 살아서 이 세상이 끝나면 의로운 영혼의 세상으로 돌아가야 하기 때문이다

2021년 5월 20일

최성주

목차

용서 사랑

머리 지식으로는 이 말을 수없이 들었다

느낌 창조적 지식

내면이 조용하고 깨끗하고 청정할 때 느끼는 뽀그리 창조적 지식

나는 그 느낌을 잘 때도 깨어 있을 때도 느끼고 또 지속적으로 느끼려 한다

용서 사랑

용서를 해주고 용서 전에 있던 찌꺼기가 떨어져 나간 상처를 사랑으로 치료되게 한다

나의 또래들에게 나는 따돌림을 당했고, 또 그들로부터 공격을 당했다

나는 결국 1학년 내려앉았다

나는 초등, 중등, 고등, 대, 대학원 그리고 지금의 직장에서 나는 그리 다수에 속하지 못하고 혼자 혹은 소수에 있다

나는 약자로 쭉 지금까지 살고 있다

나는 방어할 줄을 모른다

아마도 그 방어가 옷 잘 입고 무시를 안 당하는 것일까?

다행이도 나는 결혼을 했다

결혼해서 살고 있는 아내는

항상 나의 옷 입는 것에 매우 민감하다

남편이 사회생활에서 다수, 이기는 쪽에 있기를 위해서다

아무리 아내가 도와주어도

난 항상 지고, 소수이고 그리고 다수 쪽에서 있질 못한다

나는 수많은 왕따, 따돌림, 그리고 순리에 어긋난 대우 등을 받았다, 아주 쉽게 나를 무시하고 나 대신 누가 되고 하는 일이 다반사인 그런 방식으로 살고 있다

나는

그런 방식으로 사는데 불완전 연소의 과거 찌꺼기들이 나의 내부를 시끄럽고 더럽게 하고 있다

당연히 찌꺼기는 버려야 한다

그런데 나는 무식하게 그것들을 다 가지고 산다

그것을 가지고 산다는 것은 사악한 영혼의 복수 파괴를 하겠다는 것과 같다

나는 그렇게 할 힘도, 세력도 없다

그것은 어찌 할 수 있는 것이다 못되고

찌꺼기를 불로 태우고 물로 깨끗이 씻어 내야 할 대상이다

그 찌꺼기를 손으로 태우고 물로 씻을 거라면 하겠는데

그 찌꺼기는 그렇게 못 하니까

두고두고 내 안에서 남아서 나를 괴롭힌다

그 열등한 그 힘없는 나를 더 슬프게 하는 것들이다

그런데, 그 찌꺼기로 나를 행동으로 옮기게 하는 무서운 놈이 내 안에 있다, 바로 사악한 영혼이다

사악한 영혼은 찌꺼기, 쓰레기와 함께 있다

쓰레기는 성장에 전혀 도움이 안되는 광고 지식, 과거지식 들이다, 이 지식은 사악한 영혼이 주인으로 자리 잡고서 내가 의도하지 않는데 나에게 알려 주고, 그리고 그렇게 하라고 나를 사악한 영혼의 하수인으로 부린다

과거의 찌꺼기, 쓰레기, 과거 지식은 바로 사악한 영혼이 나를 사악한 영혼의 복수 파괴의 도구로 쓰게 하고 나의 성장을 막는 그리고, 세상을 제대로 볼 수 없게 하고, 나는 쓰레기 광고 지식으로 세

상을 해석하게 하는 사악한 영혼이 자리 잡고 있다

찌꺼기, 쓰레기, 과거 지식 그리고 사악한 영혼은
바로 복수, 파괴로 연결 지어진다
그런 쓰레기가 내 안에 있다, 그것은 바로 내 안은 더러운 쓰레기
하치장으로 있는 것이다
그곳에는 시끄럽고 더러운 썩는 냄새가 나는 나의 내면이다, 이곳
에서 어떻게 진짜 내가 의롭게 갈 수 있을까?

{용서 사랑}
내가 기도할 때 하나님께 용서를 빌 듯
내가 나의 잘못을 누구에게 용서를 비는 것일까?
내가 스스로 용서를 해야 한다
누가 나를 무시하고 침을 뱉고, 나를 왕따하는 것을 당했는데, 그
찌꺼기를 가지고 다니면, 나는
세상으로 찌꺼기로 본나
그러면 얼마나 바보인가?
사실 아닌 모습으로 세상은 왜곡이 되어 보인다

다른 사람은 그곳에서 즐기고 있는데
나는 찌꺼기에 묶여 있어서 그곳에 있는 게 아니고 먼 과거에 있다

거기다!
나를 가해한 자는 나를 전혀 모른다

과거의 불연소 찌꺼기는 내 안에만 남아서 나를 괴롭힌다
나를 가해한 자는 자유다
오직 나만, 과거 어느 순간에 매우 고통스러운 일이 지금도 찌꺼
기로 남아서 나를 힘들게 한다
이는 정말로 바보이다
바보가 이 짓을 하고 사는 것이다

내 안은 시끄럽고, 더럽고 시궁창 냄새가 난다
이것은, 나를 가해한 자가 하는 것이 아니라
내가 내 안을 불로 태우고, 물로 씻어서 청소를 하지 않은 탓이다

무엇을 막론하고
내 안에 있는 것은 다 태우고, 물로 씻어 내야 할 일이다
어떻게
용서 사랑

그리고
지금 일어나는 것들도 역시

불완전 연소 찌꺼기들, 3류 광고 지식 나의 성장에 전혀 관계없는
것들이 내 안으로 들어오지 못하도록

나의 내면이 조용하고 깨끗하고 청정하게 해야 한다
내면이 의로운 영혼이 살 수 있고, 의로운 영혼에게 내가 에너지
를 주어야 한다

그 에너지는 우주법에서 준다
내가 우주법을 지키는 행동을 하면 우주는 의로운 영혼에게 에너
지를 준다
의로운 영혼이 좋아하는 나의 행동은
"함께해주고, 도와주고, 참사랑" 하는 것이다
그러면 우주는 의로운 영혼의 에너지를 주고, 또 내 안에 의로운
영혼은 더 강하고 건강한 의로운 영혼으로 성장한다
힘있고, 강한 의로운 영혼은 사악하고 거짓이고 시끄럽고 더러운
사악한 영혼과 싸운다 그리고 이긴다

결국 내가 이 세상에서 의롭게 살 수 있기 위해서는
과거의 찌꺼기, 쓰레기, 광고적 지식, 광고 지식은 나를 노예로
만드는 것이다, 그 모든 것을 태우고 물로 씻는 것은
바로

용서 사랑이다

그러나!
내가 의롭게 강하게 의로운 영혼을 돕지 않으면 나의 내면은 의로
운 영혼이 사악한 영혼에 져서 다시 사악한 영혼이 거하게 된다

그러니!
내 안에 있는 모든 것은
태우고, 물로 씻어 내야 할 것들이다
단순하게

모두를 무조건 용서하고 무조건 참사랑해라
그러면, 내 안에 의로운 영혼이 내 안을 조용하고 깨끗하고 청정
하게 살아 줄 것이다

그곳에서 나는 무한대의 창조적 지식을 얻고
또 이 창조적 지식이 용서 사랑을 강하게 할 수 있는
강한 창조적 지식이 되어 줄 것이다
용서 사랑 만이 나의 내면에 의로운 영혼이 거한다
이 것은 매우 민감하고 다급한 일이다
의로운 영혼이 내 안에 재미있고 신나게 거할 수 있어야

끝까지 있어서 나를 의로운 영혼의 세상으로 무사하고 안전하게
돌아갈 수 있도록 해주기 때문이다

그 길은 오직
용서 사랑이다
용서 사랑이 누구를 위하는 것이 아니라
바로 나의 의로운 영혼이 잘 살 수 있도록
도와주는 것이기 때문이다

내가 용서 사랑하면 의로운 영혼은 살 수 있다
내가 용서 사랑을 못 하면 내 안에 의로운 영혼이 살 수 없다
이 사실은 아주 다급한 일이다

용서 사랑
용서 사랑
그러면 내 안에 의로운 영혼이 재미있고 신나게 안전하게 살 수
있다
나는 나의 의로운 영혼을 도와주어야 한다

가족 용서와 사랑

가족

용서

사랑

상속 싸움

부부 이혼 등

가족이 적이면 너무 슬픈 일이다

가족은 여자 남자가 만나서 시작을 한다

남남이 만나서 가족이 된다

여자 + 남남

남자 + 남남

어떻게 남남이 떨어질까?

수학의 공식을 적용하면

순수하게 여자 남자만 남기 위해서는

{여자 + 남남} − {남자 + 남남} = {여자 + 남남} − {남남 − 남남}

= {여자 + 남자}

여자와 남자가 만나서 진짜

{여자 + 남자}가 되기 위해서는 남남을 없애야 한다

그래서

부부 = {여자 + 남자}가 된다

여자 = {전생의 인연 + 여자}

남자 = {전생의 인연 + 남자}

결혼 그리고 부부로 살면 아가가 태어난다

부부결혼 아기

부부의 아기는

= {전생의 인연 + 여자} + {전생의 인연 +남자}

태어난 아기는 자식은

바로 여자 인연의 영혼들과 남자 인연의 영혼들로 구성이 된다

그래서 태어난 자식들이

아주 미묘하게, 아버지 인연 영혼 자식

엄마 인연 영혼 자식으로 나누어지면

자식들은 엄마 영혼 자식

아부지 영혼 자식으로 그룹이 생긴다

자식 = {엄마 영혼 자식 그룹} + {아버지 영혼 자식 그룹} 나누어
진다
이것도 정확히 분명하지 않다
그래서 이 책은 철학적 소설이니 소설적 상상력일 수도 있다

정확히 모르지만
아버지 인연 영혼 그룹은 아버지와 친하다 하고
어머니 인연 영혼 그룹은 어머니와 친하다 하면

모르지만
가족은 지금 싸우는 집과 잘 사는 집들이 있다
가족은 지금 이혼하는 집과 잘 사는 집들이 있다

가족에서 적으로 사는 것과
가족에서 친구로 사는 것이 있다

가족은 이상하다
가족은 가장 가까운 곳에 산다
그래서, 가족은 서로 돕고 살 수밖에 없다
서로 가족이 도우며 살면, 가족은 함께 재미있게 살 수 있다
그러나, 현실은 가족에서 재미있게 살기가 힘들다

가장 가까이 있는 가족이 신기하게 가장 나를 아프게 한다

가족은
모르게 차별을 받았다
가족은 서로 많이 가지려 경쟁했다
가족은 강한 어떤 힘에 의해서 특별히 배려를 많이 받았다

그런데 여기서
가족과 나도 있다

나 ± 가족 = 지금의 나일 수 있다
마찬가지로 나는
{전생의 나 + 현생의 나} = 나의 에너지이다

나± 가족 = {전생의 나 + 현생의 나} ± 가족 = 현재의 나이다
그러니!
나는 복잡한 나다

이렇게 사는 것이 복잡하다

내가 성장하는 데 틀림없이

나는 도와주는 부모, 형제자매가 있다

그리고 나도 틀림없이 내가 도와주는 부모, 형제자매가 있다

이것이 무엇일까?

이 현상은 나의 의지와 무관하다

모르는 강한 힘이 작용한다

거기에는

{전생의 에너지 ± 현생의 에너지} = 나의 에너지이다

에너지는

의로운 영혼의 에너지

사악한 영혼의 에너지가 있다

의로운 영혼의 에너지는

우주법을 지키면 우주가 주는 에너지이다

사악한 영혼의 에너지는

우주법을 지키지 않으면 우주가 주는 에너지이다

우주법은 전생과 현생에 모두 통한다

의로운 영혼의 에너지는 우주의 본래인 조용하고, 깨끗하고, 청정

한 상태를 유지하려고 하니, 그렇게 살면, 우주법을 지키는 것이다, 그러면 의로운 영혼의 에너지를 받는다

우주법은 매우 정확하다

우주법은 알려지지 않는 모두, 아주 허술하게 사는 모두를 알고 있다

그러니!

우주에서 의로운 영혼의 에너지를 얻기 위해서 우주법을 억지로 잘 지킬 필요도 없다

그저 사는 것이 다 우주법은 정확히 적용한다

그러니!

우주법의 심판에는 문제가 없다

지금 내가 사는 것은

내가 태어난다, 그때 어떤 부모 밑에 태어나는 가는 전적으로 본인, 나의 전생의 에너지에 의해서 태어나게 된다

또한, 전생에 인연으로도 태어난다

전생에 의로운 영혼의 에너지를 많이 가진 자는 현생에서 조화 균 형이 잡힌 가족에 태어난다

그 균형 잡힌 가족은

모두가 함께 재미나게 이 세상에서 살아간다

그리고, 서로 의로운 영혼의 에너지를 충분히 가질 수 있도록 돕
는다

혹시!

전생에 에너지가 충분한 자는

충분히 좋은 가정에 태어날 수도 있지만

전생에서 알게 되었지만, 그가 충분한 의로운 영혼의 에너지가 없
어서 함께

그 의로운 영혼의 에너지가 약한 자가 가야 할 곳에 같이 가서 현
생에서 도움을 주어서 같이 성장해서 의로운 영혼의 에너지를 현생
에서 쌓을 수 있도록 돕는다

가족은 이렇게 다양한 사연들을 가지고 가족으로 태어난다

다시 정리를 하면

가족은 엄마와 전생에서 인연인자

아버지란 전생에서 인연인자

그리고 형제자매 간 전생에서 인연인자

들이 모여서 가족을 이룬다

이 또한 소설적 상상력이다

그러나!
전생에서 의로운 영혼의 에너지가 없는 자는
그렇게 어떤 부모들이 있는 자식으로 태어난다

가족은 그래서 수많은 변수가 있다

같은 형제간이라도 완전히 이질적인 자식도 있다
무모는 그 자식으로 힘들게 살아갈 수도 있다
이것이 가족이다

분명한 것은
현생은 내생의 전생이다
전생의 결과로 현생이 결정되어 있다

그러니!
가족에는 분명히 같은 부모 밑에서 태어났지만 나르다
지금까지는
같은 부모 밑이니까 모두 같다고 여겼다
그래서 그렇게 같이 성장했다

그러나, 그 성체 어른이 되면 완전히 다르다

각자 자기 방식대로 산다

이때는 가족에 의지하는 것이 아니라 자신에 의해서 살게 된다

그 순간 전생의 개인성이 나타난다

가족 중에서, 그래도 아버지를 중심으로 인연을 가지는 자는 그렇
게 특별히 아버지 중심으로 살고,

어머니 중심으로 인연을 가지는 자는 어머니 중심으로 살고, 또한
형제자매 간의 중심으로 맺어진 인연은 형제자매 중심으로 살게 된다

그러면 안 된다

그러면, 현생에서 가족으로 재미있게 살 수가 없다

지금 가족은 가족이다

지금 가족은 이 가족으로 인연이 맺어졌다

어떻게 가족으로 재미있게 살 수 있을까?

바로 용서와 사랑이다

{가족 용서와 사랑}

매우 힘든 일이다

　용서 그리고 사랑

그러나 극복해야 한다

그래서 용서해주고 사랑을 해야 한다

어렸을 때 사는 기억이 있다

그 기억이 바로, 형제 자매, 부모로부터 차별적으로 혹은 가족의
에너지가 적어서 적은 에너지로 살면서 생긴 찌꺼기들이 있다

가족 모두에게 있다

가족이기 때문에 있는 것이다

그래서 가장 가까운 가족 간에 성인이 되어서 재미있게 살 수 없다

찌꺼기는 바로 용서와 사랑으로 없앨 수 있다

사실, 어렸을 때 좋은 기업은 모두 연소되어서 남아 있지 않다,
다만 불연소된 찌꺼기가 남아서 살 만해도 재미있게 살기가 힘들어
진다

그래서!

지금 우리는 가족이다

그래서 모두 "용서와 사랑으로" 과거의 찌꺼기를 모두 없애고, 성
인이 되어서 부족함이 없을 때 그래서 아쉬움도 없을 때, 내면이 완
전히 조용하고, 깨끗하고 청정해서, 모두가 가족으로 신나고 재미

나게 살 수 있다

과거는 모두 씻어지고

지금 지금으로 함께 용서하고 참사랑하며

형제자매 간 신나고 재미나게 살면 된다

부모 형제자매 간 재미있게 살면

이 세상 몸을 가지고 살며 최고로 잘 살다가 가는 것이 된다

그 해답은 바로 "용서하고 사랑하며 산다"이다

음양(남녀) 간 용서 사랑

음은 음으로 살고

양은 양으로 살고

그렇게 음과 양이 만나서

음은 음으로 양은 양으로 살면 우주가 기뻐한다

음은 양을

양은 음을

조용하고 깨끗하고 청정하게 만들어서

음과 양이 만나서 서로가

조용하고 깨끗하고 청정하게 살면 음과 양의 조화가

완성이 된다

그러면 우주법은 이 음양의 조화를 이룬 자에게 의로운 영혼의 에

너지를 준다

음은 음대로 산다는 것은

양이 느끼는 것은 조용하고 깨끗하고 청정하게 느낀다

양이 양대로 산다는 것은

음이 느끼는 것은 조용하고 깨끗하고 청정하게 느낀다

음과 양은 만나서 음양의 조화로 산다

음도 혼자 살 수 있다

양도 혼자 살 수 있다

혼자 사는 음이 할 수 있는 것은

내면이 조용하고 깨끗하고 청정해서, 그곳에서 창조적 지식을 얻고, 그리고 이웃과 함께하고, 도와주고, 참사랑 하며 살 수 있다

마찬가지로 양도 혼자서 그렇게 살 수 있다

그러나!

의로운 영혼의 세상에서는 음과 양이 만나서 음양의 조화롭게 살게 계획을 만들고 이 세상에 의로운 영혼들을 보낸다

의로운 영혼은 자기 짝을 만나서 이 세상에서 해야 할 일을 하고 의로운 영혼의 세상으로 안전하고 무탈하게 돌아가는 것이다

왜 우주의 법에 음과 양이 만나서 살게 하고 그것이 우주법일까?

물론! 음과 양이 만나서 아이를 낳고 사는 것일 수 있다
그러나, 그것은 이 세상의 일이다
몸을 가지고 하는 일이다

더 중요한 것은
이 세상을 여행하고 저 세상에 있는 의로운 영혼의 세상으로 안전하게 돌아가는 것이다

그런데 그렇게 하기 위해서는
이 세상에서 사는 가장 안전한 방법이 음과 양이 조화롭게 사는 것이다

우주법, 의로운 영혼의 세상의 창조적 지식에는
음과 양이 조화롭게 사는 것만이 몸을 가지고 이 세상에서 사는 것이 힘들고 어려운데 음과 양이 둘이서 함께 힘든 여정을 잘 살라고 요구하고 있다

그래야!
이 세상에서 살면서 혼자서

성장하는 것보다 둘이서 함께 성장하는 것이 이 세상에서 사는 것
이 큰 도움을 받을 수 있기 때문이다

여기서 성장하는 것은
의로운 영혼은 의로운 영혼의 세상에서 창조되었을 때
창조적 지식 1/∞
의로운 영혼의 에너지 1/∞

이런 의로운 영혼이 육신이 있는 이곳에서
창조적 지식 ∞
의로운 영혼의 에너지 ∞로 성장을 해야 한다

의로운 영혼이 이 세상에서 사는 이유다
음 혼자서 양 혼자서 할 수 있는 일이 아니다
음과 양이 서로 도우면서 서로 성장하면 함께 도달하는
함께 완성하는 일이다

음 혼자서, 양 혼자서 창조적 지식, 의로운 영혼의 에너지는 ∞를
달성하기가 쉽지 않다

음양의 조화로 살아서

음은 음이 공간에서 주인으로 살고
양은 양의 공간에서 주인으로 살고

그래서
음이 주인곳에서 양이 손님으로 있을 때 양에게
"음은 양과 함께해주고, 도와주고, 참사랑 하며 산다"
그때 양이 음의 주인의 극진한 대접을 받고, 신나고, 즐겁고 재미
를 느끼고 이 세상에서 산다

그럴 때 양이 기쁘니, 음은 양에게 음으로 역할을 다한 것이다
이때 우주법은 주인인 음에게 의로운 영혼의 에너지를 주고, 그리
고 이때 남편을 대접할 때 생기는 내면의 "조용하고 깨끗하고 청정
하면 그때 창조적 지식을 얻는다" 이러한 방식으로 사는 음양의 조
화, 양이 주인곳에서 양도 똑같이 그렇게 한다

그러면, 그런 과정에서
음에 주인으로 양을 성장시키고
양이 주인으로 음을 성장시킨다

음이 주인으로 양을 성장시킨다는 말은
음이 손님을 양을 대접은 음이 느낄 수 있는 진정한

최고의 즐거움을 느낄 수 있다

손님인 양이 기쁘고 즐겁고 덩달아 주인인 음도 즐거워진다

그렇게 살면

음과 양이 이곳에서 의로운 영혼의 세상에서 사는 것이다

다시 말하지만

의로운 영혼의 세상에서는 몸이 없다

음과 양이 함께 있어서 완성을 이룬다

{음(−) + 양(+)} = 0, 의로운 영혼의 세상에서

끝까지 머무른 방식이다

여기서 {음(−) + 양(+)} = 0은

{음(−) 창조적 지식∞, 의로운 영혼의 에너지∞} + {양(+) 창조적

지식∞, 의로운 영혼의 에너지∞} = 0을 의미한다

의로운 영혼의 세상에서는

음양 = 0으로 창조적 지식∞, 의로운 영혼의 에너지∞로 끝까지

살게 된다

그런데 이 세상에서는

이 소중한 음양의 조화를 무지로 모르고

음과 양이 만나서

서로 성장을 시키는 법은 아예 모르고

서로 으르렁대며 사는 슬픈 일들이 있다

내가 가장 보기 싫어하는 TV 드라마에는

음과 양이 모두 사악한 영혼으로 살아서

지지고 볶으면서 산다

음은 자기가 양에게 조금만 정신차려서 말한마디

"잘 갔다 왔어"라고 하고 양이 모든 힘든 일들이

다 사라지는데

그 말 한마디 할 줄 모르는

음이 양에 즉효라는 것을 완전히 모르는 사악한 음이 되어서 사악
한 양을 만들고 살고 있으니 얼마나 슬프고 슬픈 일인가?

왜 그 단순한 창조적 지식을 모를까?

왜 조용조용 소곤소곤 이야기할까?

음이 양에게 속삭이고

양이 음에게 속삭이고

그러면!

그곳에 속삭이는 것은 바로 의로운 영혼이라는 것을 모를까? 그
곳에 참사랑이 있다는 것을 왜 모를까?
그러나 드라마에는 완전 돼지 목을 딸 때 소리를 지른다
그러면, 모두에게 있는 사악한 영혼이 깬다
그래서, 그후에는 사악한 영혼이 작동한다
하지 말아야 할 말을 한다
왜냐하면

사악한 영혼은 바로 "복수, 파괴자"이기 때문이다
사악한 영혼은 큰소리를 좋아한다
사악한 음, 사악한 양이 살고 있다
그곳에는 음양의 조화는 없다
이 슬픈 일이 또 어디에 있을까?

너무 너무 슬픈 일이다
이 일을 어찌할까?

사악한 영혼의 음과 양에게는
내면이 시끄럽고 더럽다
항상 부글부글 끓는다
그곳에는 찌꺼기들이 있고, 쓰레기들이 있고

광고 지식들이 있다
광고의 지식에 속아서 살고 있다

사악한 영혼의 내면에는 시끄럽고 더럽고 그렇다
그러니, 그곳에는 창조적 지식을 절대로 알 수가 없다
슬프고 슬픈 일이다
어찌할까?
어떻게 이 문제를 해결할까?
또 누가 해결할까?
참으로 딱한 일이다

그러나!
그래도, 어눌하게 누군가는 주인으로 사는 자가 있다
그 주인이 깨우쳐야 한다

그 주인이 깨우치면, 바로 "용서하고 사랑해야 한다"
또 용서하고, 다시 용서하고
그리고 사랑해야 한다
이것만이 슬프고 슬픈 것으로부터 벗어나기 시작한다
더 깊게 용서하고
더 깊게 사랑하면

알게 된다

이때 서서히 알게 된다

함께 사는 자가 얼마나 소중한 자인지를 알게 된다

늦어도 된다

더 용서하고 더 사랑하며

우주법은 원래 시끄럽고 더러운 것을 싫어하니!

우주법은 빨리 조용하고 깨끗하고 청정하라고

의로운 영혼의 에너지를 짧은 순간에 ∞대로 해주고

의로운 영혼의 세상 창조주는 더 절박하다

의로운 영혼 단 1사람이라도 똑 돌아오라고 노심초사하고 있다,
그러니!

당연히 창조주는 창조적 지식을 ∞로 도와준다

이 세상에서 할 수 있는 것은
오직
용서하고 사랑하는 것이다

특히 음양, 남녀 사이에는 용서하고 사랑해주는 일밖에
없다

용서하고 사랑하고 사는 것이

이 세상에서 사는 길이다

음은 양에게 치명적인 강점을 가지고 있다

말 한마디로 양의 스트레스를 치유할 수 있다

양은 음에게 치면적인 강점을 가지고 있다

강한 힘으로 음을 스트레스를 치유할 수 있다

음은 음으로 양을 용서하고 사랑하고

그러면 양은 건강하고 힘 있게 살아서 음을 음 자리에 있도록 지킬 수 있다

양은 양으로 음을 용서하고 사랑하면

음은 음의 자리를 굳게 지켜서 함께 의로운 영혼의 세상으로 돌아갈 수 있다

결혼 그리고 용서와 사랑

결혼

용서와 사랑

결혼의 정의는 무엇일까?

결혼(結婚)은 맺을 결(結) 혼인할 혼(婚)

결혼하다 marriage

결혼은 얼마나 시간이 걸릴까?

결혼은

음과 양이 만나서 음양의 조화를 가지는 것이 결혼

음으로 창조된 의로운 영혼의 세상에서 창조되었다

양으로 창조된 의로운 영혼의 세상에서 창조되었다

몸이 있는 이 세상에서

음 + 몸 = 여자

양 + 몸 = 남자

그런데 음과 양은 몸이 없는 보이지 않는 세상에서 출발해서 몸을

가지고 또 약 30년을 성장해서 만났다

그러면 그 기간은

{음∞ + 몸 30년} ∞ = 여자 결혼자

{양∞ +몸 30년} ∞ = 남자 결혼자

바로 ∞의 시간을 거쳐서 겨우겨우

결혼을 해야 하는 자를 만났다

결혼은 왜 할까?

안 해도 되는 것일 까?

결론적으로 말하면 결혼하지 않으면 또다시 ∞의 시간을 지나서
또 결혼해야 하는 자를 만나서 결혼을 하는 것이다

안 해도 되는 것일까?

지금 세상은 사악한 세상이다

자기가 사는 데 힘들고 불편하면 사악한 세상은 편안하게 사는 것
이기 때문에 안 할 수도 있다

그러나!

의로운 영혼의 세상은 결혼을 해야 한다

왜냐하면

결혼을 해야 하는 남녀는 의로운 영혼의 세상으로부터 여기까지 ∞
시간을 거쳐서 여기까지 왔다

얼마나 소중한 것인가?

결혼을 위해서 ∞시간을 거쳐서 겨우 결혼할 사람을 만났다

결혼을 다시 정의하면

{음∞ + 몸 30년} ∞ = 여자 결혼자} +

{양∞ + 몸 30년} ∞ = 남자 결혼자} = 결혼이다

그런데 여기서 매우 중요한 concept가 있다

음∞, 양∞는 의로운 영혼이다, 의로운 영혼은 의로운 영혼의 세
상에서 창조주로부터 창조되어서 보이는 세상에서 몸속에 거하며
여행을 하고 있다

의로운 영혼의 여행은

바로

창조적 지식을 1/∞에서 ∞로

의로운 영혼의 에너지를 1/∞에서 ∞로이다

그러나!

음∞(보이지 않는 영혼에서 몸) + 몸 30년(태어나서)

양∞(보이지 않는 영혼에서 몸) + 몸 30년(태어나서)

남녀 몸 30년은
욕심, 사악한, 의로움이 영향을 끼치지만
몸은 욕심과 직결이고, 또 사악한 영혼과 관련이 있다

그래서
남자가 30년 동안 어떻게 변했는지
여자가 30년 동안 어떻게 변했는지
서로 알 수가 없다

그래도 변하지 않는 것은
음∞, 양∞이다
의로운 영혼의 세상에서는 완전한 의로운 영혼이다
의로운 영혼은
창조적 지식, 의로운 영혼의 에너지로 사는 곳이디

그런데, 이곳은 몸, 욕심, 사악한, 의로움이 혼재되는 곳이다,

결혼은!
결국

의로운 영혼의 세상의 mission
창조적 지식 1/∞에서 ∞로
의로운 영혼의 에너지 1/∞에서 ∞로

그리고
육신의 결실
아이를 낳아야 한다
이쪽은 그냥 아이만으로 하겠다
몸은 계속 이어져야 하니까!

결혼은 몸의 의무도 해야 되고
의로운 영혼의 mission도 해야 된다

그런데
결혼하기 전 30년 동안 살았던 흔적은
몸으로만 살았다, 욕심으로만 살았다
그러나!
음양의 조화의 개념에서 보면

결혼하기 전 30년은 부모를 주인으로 결혼하는 자는
손님으로 욕심, 사악함, 의로운 등을 여과 없이 경험했다 그러니!

결혼을 해서 육신의 결실도
의로운 영혼의 결실도 함께 가야 하기 때문에

{음∞ + 몸 30년} ∞ = 여자 결혼자} + {용서와 사랑}+{양∞ +
몸 30년} ∞ = 남자 결혼자}+ {용서와 사랑} = 결혼

결혼 =
의로운 영혼의 mission 수행
육신의 결실
그렇기 위해서는

{음∞ + 몸 30년} ∞ = 여자 결혼자} + {용서와 사랑} + {양∞ +
몸 30년} ∞ = 남자 결혼자} + {용서와 사랑} = 결혼

음∞ 의로운 영혼은 음양의 조화에서 안쪽에서 주인이 되고
내자(內子), 안사람이란 유교식 표현이 있다

양∞ 의로운 영혼은 음양의 조화에서 바깥쪽이 주인이 된다
바깥양반이란 유교식 표현이 있다

결혼을 했으니!

음양의 조화로 의로운 영혼의 mission을 수행해야 한다

육신의 결실인 어린이를 생산해야 한다

결혼을 하면 이제부터 우주는 우주법은 음과 양을 보기 시작한다,

음과 양이 주인으로 잘살면 의로운 영혼의 에너지가 주어지고 잘못

살면, 사악한 에너지가 주어진다

음양의 조화에서

음은 안쪽에서 주인이고

양은 바깥쪽에서 주인이다

이 말이 의미하는 것은

음 = 양인데

음은 왼쪽, 양은 오른쪽이다

다시 말해서 음은 안쪽 양은 바깥쪽이다

그런데

음 – 양 = 0

음은 주인이고 – 양은 손님이다 0은 우주법이다

음양의 조화는

음과 양이 만나서

조용하고, 깨끗하고, 청정하며 그곳에서 창조적 지식이 생겨서,
우주의 본래 모습인 조용하고 깨끗하고 청정해야 한다
그것이 바로 음양의 조화이다

음양의 조화 식은 음 − 양 = 0 다

이 음양의 조화를 통해서
의로운 영혼의 mission을 수행하게 된다

이 음양의 조화는 바로
음∞, 양∞와 관계되는 결혼이다
이 음양의 조화는 우주법이 항상 관찰하고 즉시즉시
계산을 한다
우주법의 계산은
주인으로 일하는 것만 계산한다
손님으로 있을 때는 계산하지 않는다

그래서
음 = 양
에서 양 − 음 = 0의 경우는 양이 주인이어서 우주법은 주인인 양
만 관찰한다

음 − 양 = 0인 경우는, 우주법은 음인 주인만 관찰해서 의로운
영혼의 에너지, 사악한 에너지를 준다

결혼의 본질은 음양의 조화이다
음양의 조화는 의로운 영혼이 세상에서 주어진 가장 안전하게 보
이는 세상에서 사는 방식이다

사실 육신의 결실인 자식들은 결국
그들이 결혼해서 떠난다

그래도, 끝까지 결혼에는 음양의 조화가 있다
이 음양의 조화는
음과 양이 항시 의로워서
끝까지 해서 둘 다

창조적 에너지∞
의로운 영혼의 에너지∞가 되는 것이다
그래서 음양의 조화로 살아서 이 세상에서 끝나면
음 의로운 영혼 양 의로운 영혼
창조적 에너지∞
의로운 영혼의 에너지∞로 의로운 영혼의 세상에

무사히 돌아간다

이것이 결혼해서 보이는 세상에서 여행을 안전하게 살게 하는 의로운 영혼의 세상에서 만들어 준 창조적 지식이다

∞을 기다린 결혼해야 하는 자는 결혼을 해야 다시는 기다리지 않고 끝까지 의로운 영혼의 세상에서 함께 살 수 있다

{일 + 용서 사랑 + 의로운 영혼}
= 나 이웃 성장

나는 먹고살기 위해 산다

나는 나도 성장하고 이웃도 성장하며 산다

나는 이 세상 시간에 살고 저세상 시간에 산다

나는 먹고살기 위해서 산다

먹고사는 에너지 벌기 위해서만 일한다

그래서!

먹고사는 에너지가 중요하다

이것은

{일 100% + 용서 사랑 0% + 의로운 영혼 0%} = 나 혼자만 먹
고사는 것이다

먹고사는 에너지만 중요시한 자는

절대로 웃음, 신나는 것, 재미나는 것을 못 만든다

그러니!

오직 먹고사는 일에 급급하니 동물이다

동물도 그렇게 산다

"나는 나도 성장하고 이웃도 성장하며 산다"

{일 + 용서 사랑 + 의로운 영혼} = 나 이웃 성장

이 세상에서 사는 것은

내가 남에게 보인다

이웃이 나를 보고 따라 한다

이웃이 나를 보고 즐거워한다

이웃이 내가 하는 것을 보고 따라 한다

여기는 전혀 과거의 찌꺼기가 남지 않는다

그러나!

내가 남에게 보인다는 것을 모르고

혼자만 편안하게 사는 자는

이웃이 나를 보고 눈살을 찌푸린다

이웃이 나의 행동에서 자기 혼자만 잘 먹고 살사는 것을 배운다

그래서 나 혼자만 편안하게 살려는 자는

자기가 그렇게 보이고, 이웃이 사악한 것을 배운다

이웃도 빠르게 나 혼자만 편안하게 사는 것을 배운다

그러면, 순식간에 나의 주변에는 자기 혼자만 편안하게 살겠다고

변한다

매우 빠르다

나 혼자만 편안한 행동을 했지만
그 단순한 행동이 우주에 얼마나 부담을 주게 되는지 알 수 있을까?

그러나!
나의 행동이
"{일 + 용서 사랑 + 의로운 영혼} = 나 이웃 성장"
이라 한다면
내가 사는 것은 내가 행동하는 것은 이웃이 본다
이웃이 점점 이렇게 사는 것이 좋다는 것을 알게 된다
그러나, 아주 서서히 나를 보고 알게 된다

이것은
나 혼자만 편안하게 사는 것이 퍼지는 시간보다는 느린다

그러나!
알게 된다
내가 만약에

　　용서 그리고 사랑

"{일 + 용서 사랑 + 의로운 영혼} = 나 이웃 성장"
이렇게 살면

나의 주위에는 즐거움 재미, 신나는 일들이 창조된다

{일 + 용서 사랑 + 의로운 영혼}
일은 육신을 즉 의로운 영혼의 집을 튼튼하게 한다
용서 사랑 일하면서 만나는 자들을 용서하고 사랑해서 과거의 찌
꺼기를 만들지 않는다
과거의 찌꺼기는 사악한 영혼의 복수 파괴의 원인들이다
일터에는

먹고살기 위한 에너지를 얻는 일을 하는 자
함께 성장하며 일을 하는 자
들이 혼재되어서 일을 한다

먹고살기 위해서 에너지를 모으는 자는
절대로, 재미, 신나는 것, 즐거운 것을 못 만든다
여기서
먹고사는 에너지를 모으는 자와 엮이면 반드시
거기서 불완전 연소의 찌꺼기가 내면에 남는다

그러면,

내면에 있는 사악한 영혼은 매우 좋아한다

그러나, 사악한 영혼이 좋아하면 의로운 영혼은 슬퍼한다

이 세상을 살면서

나는 이웃과 함께 성장하며 일하는 자로 살아야 한다

그래야

나의 일터에서 이웃에게 불완전 연소의 찌꺼기를 만들어 주지 않기 때문이다

그리고 그 일터에서 재미나고 신나고 그리고 즐겁다

"{일 + 용서 사랑 + 의로운 영혼} = 나 = 나 이웃 성장"

일터에서 나는 바로

{일 100% + 용서 사랑 100% + 의로운 영혼 100%} = 나

이면 나는

"나는 이 세상 시간에 살고 저 세상 시간에 산다"

나는 바로

일 100%

내가 하는 일에 숙련이 되어서 내가 맡은 일에 completion 완성이 되었다

용서와 사랑 100%

일터에서 만나는 사람들이 나와 함께 즐겁고 신나고, 재미나게 일

한다

그래서 나는 나와 함께 일하며, 또 만나는 자와 함께

완전 연소의

Silence and clean clear, 조용하고 깨끗하고, 청정한

나를 만든다, 그래서 내 안에는

Silence and clean clear, 조용하고 깨끗하고, 청정한

공간이 생긴다

의로운 영혼 100%

의로운 영혼은

"Silence and clean clear, 조용하고 깨끗하고, 청정한

공간" 의로운 영혼이다

의로운 영혼은

Silence and clean clear of bubble of creation of

knowledge

아주 조용하고 청정한 곳에서 살짝 물방울이 서서히 오른다

그 소리도 무엇도 없다, 그 물방울을 내가 듣고 느낀다

그것이 바로 창조적 지식이다

의로운 영혼은

저세상에서 의로운 영혼으로 창조되어서 이 세상에서

몸을 받고 이 세상을 여행한다

이 세상에서 여행을 하면서

창조적 지식을 $1/\infty$에서 ∞로 성장한다

의로운 영혼의 에너지를 $1/\infty$에서 ∞ 성장한다

저세상에서 창조되어서 이 세상으로 와서

이 세상에서 창조적 지식 의로운 영혼의 에너지를 ∞ 만든다

그래서 다시 저세상으로 돌아온다

의로운 영혼의 세상으로 돌아온다

의로운 영혼의 세상에는

모두가 의로운 영혼이고

모두가

창조적 지식∞

의로운 영혼의 에너지∞

이 세상에 살면서 쌓은 것들이다

창조적 지식∞

의로운 영혼의 에너지∞는

이 세상을 여행하면서 과거의 찌꺼기를 만들면

절대로 안 된다

내면에 그 찌꺼기들이 떠다닌다

그래서, 사악한 영혼이 그 찌꺼기를 이 세상의 것으로 다시 올려
보낸다

그래서, 사악한 영혼이 원하는 "복수, 파괴"를 하게 만든다

사악한 영혼의 공격의 대상은

육신인 나도 복수 파괴한다

그래서 이 세상에서

진짜로 재미있고 신나고 즐겁게 살아서

과거의 찌꺼기를 만들지 않으면 살면

"{일 + 용서 사랑 + 의로운 영혼} = 나 = 나 이웃 성장"

나도 성장하고 이웃도 성장한다

나도

창조적 지식∞

의로운 영혼의 에너지∞

이웃도

창조적 지식∞

의로운 영혼의 에너지∞

여기에 중요한 것은

내가

{일 100% + 용서 사랑 100% + 의로운 영혼 100%} = 나

는 이웃이 나를 보고 배운다

이웃이 재미나게 일하고 서로 용서할 줄 알며 서로 사랑하며 이

세상에서

의로운 영혼으로 사는 맛을 알게 된다

의로운 영혼으로 사는 맛은

바로

창조적 지식으로 사는 즐거움이고

의로운 영혼의 에너지를 나누는 즐거움이다

의로운 영혼의 맛은

완전히 진짜로 거짓으로부터 100% 자유로워진다

사실 이 세상에서 의로운 영혼의 세상으로 돌아가는 길밖에 없다

그러나!

그렇지 못한 자가 있기 때문에

사악한 영혼이란 것이 생겼다

{일 + 용서 사랑 + 의로운 영혼} = 나 이웃 성장

이것이 진짜다

이것이 바로 의로운 영혼의 세상으로 가는 여행을 하고 있는 것이다

나와 모두 함께 의로운 영혼의 세상으로 돌아가야 한다

없는 것은 미래에 있고,
있는 것은 과거에 있다

1초도 소중한 시간

0123456789에서 0으로 갈 때는 그 시간 1초의 소중함을 안다

시간이 남는다고 한다

시간이 부족하다고 한다

시간이 남지 않고 다 쓸 수 있도록 계획해서 일을 해야 한다

내가 나의 시간에 모두 써버리고 여분이 시간이 없으면

평생 그 아까운 시간을 가족, 친구, 의로운 자, 나를 필요로 한 자를 위해서 쓸 수 없다

그런데 매우 중요한 것은

내가 나의 시간을 써서 나를 만드는 것을 누구도 나를 찾을 수 있는 나를 만들어야 한다

그래서 나를 찾아와서 나에게서 필요한 문제를 해결할 수 있는 나가 되어야 한다

그래야 비로소 나는 나를 필요로 하는 자를 위하여 시간을 쓸 수
있기 때문이다
내가 나의 시간을 써서 나를 만들었는데 내가 불량이라면 누구도
나에게 그들의 문제를 해결받으려 하지 않을 것이다
그러면, 나의 시간을 이웃을 위해 쓸 수도 없다

시간은 그렇게 흘러서 간다
시간은 계속 흘러간다
시간은 잡을 수 없다

1초는 시작이다
1초에서 2초로 가면,
1초는 바로 끝난다, 바로 2초가 되기 때문이다

시간의 소중함을 안다는 것은
micro concept world로 시는 것이다
바로 보이지 않는 세상으로 사는 것이다

눈 깜짝할 사이에 결정을 한다
계속 1초의 결정을 한다

오른쪽으로 갈까?

왼쪽으로 갈까?

사실 모든 결정은 1초이다

결정을 어떻게 하기위해서 시간을 쓰는 것이지 결정의 순간은 1초이다

macro concept world로 사는 자는

1초는 무시된다

시간으로 인식한다

micro concept world로 살면 1초를 소중하게 여긴다

micro concept world는 없는 것이 주인이다

있는 것은 손님이다

없는 것은 영원하지만

있는 것은 영원하지 않기 때문이다

그래서 없는 것 위에 있는 것이다

micro concept world는 원래 없는 것이다

그러니, 없는 것이 먼저이다

있는 것은 나중이다

     용서 그리고 사랑

micro concept world에서는 없는 것이 진짜고 있는 것이 가짜이다

없는 것은 변화하지 않고 영원하다

영원한 것은 진짜이고

영원하지 않는 것은 가짜이다

우리는 어디로 성장해 가는가

있는 것에서 없는 것으로 성장해 간다

macro에서 micro로 성장해 간다

이 세상에서 얼마나 깊게 갈 수 있는가가

vertical time running

depth 무한대

width 1/무한대

= (depth 무한대 × width 1/무한대) = 심오한 창조적 지식으로 얻을 수 있나

바로 성장은 depth가 무한대로 가는 것이다

깊이 끝에는 바로 아무것도 없는 것이다

그것이 micro concept world 기반이다

이곳에는 오직 1초만이 있다

1초의 세계

1초의 의사 결정

아마도 의사 결정은 되어 가는 것이다

cosmos law에 따라서 자동적으로 결정이 되어서 간다

초 단위 시간으로 사는 자는 글을 쓰는 자는 혹시 느낄 수 있다

글을 창조하는 자는 매 순간순간 결정하며 쓴다

이 순간은 바로

과거의 끝 미래의 시작 사이에 잇다

나는 이 글을 쓴다는 것은 미래의 시작에서 가져온다

이미 있는 것은 모두 과거이다

없는 것은 미래이다

그래서

없는 것은 미래에 있고

있는 것은 과거에 있다

그래서 없어야 한다 그래야 미래의 것을 가져올 수 있기 때문이다

만약에 있다면 그것은 과거에 사는 것이어서 절대로 창조적 지식

은 가져올 수가 없다

없다는 것

micro concept world

는 1초의 세상이다

없는 것은 바로 미래에 있다

다시 한 번 쓴다

없는 것은 미래에 있고

있는 것은 과거에 있다

그래서 1초는 소중한 시간이다

왜냐하면 없는 것으로 미래에서 가져올 수 있기 때문이다

1초의 세계 micro concept world를 모르면

절대로 창조적 지식을 가져올 수 없다

완성 그리고 용서와 사랑

완성 completion

미완성 incompletion

용서 forgive

사랑 doing real love

완성 completion

용서 forgive

사랑 doing real love

미완성 incompletion

용서 못 함 안 함 do not forgive, cannot forgive

사랑 못 함 안 함 do not doing real love, cannot doing
real love

용서 사랑하고 할 줄 알면

아무리 사악한 영혼의 복수와 파괴도 다 용서를 통하여 나의 내면
에 사악한 영혼들이 주려고 한 찌꺼기들을 다 불로 태우고 물로 깨

끗이 씻어 낸다

용서할 줄 알고 용서하면
과거의 찌꺼기는 줄어들고 끝에 가서는 없어진다

과거의 찌꺼기는
더럽고 짜증나고, 화나고 그런 것들이다
과거에 사악한 영혼의 사는 자들로부터 복수와 파괴를 당한 나는
불연소 찌꺼기를 모두 나의 내면에 찌꺼기로 남는다

사실
과거에 나를 공격한 자는
그자의 내면에는 과거의 찌꺼기가 가득하여 내면은 온통 시끄럽
고 더러운 찌꺼기 시궁창인 자들이다
그들은 무엇을 한다고 해도 그 찌꺼기의 과거에 사로잡혀서, 자기
자신을 포함해서 타인을 모두 적으로 여겨서 복수하고 파괴한다

이 세상에서 사는 자들은
욕심장이
사악한 영혼
그리고 의로운 영혼으로 살고 있다

욕심쟁이는 이 세상에서만 살고 있고
사악한 영혼은 사악한 영혼의 세상으로 가고
의로운 영혼은 의로운 영혼의 세상으로 간다

이 세상에서는
욕심쟁이도 사람이요
사악한 영혼도 사람이다
의로운 영혼도 사람이다

그러나!
저세상에서는

욕심쟁이와 사악한 영혼은 바로
미완성 incompletion
용서 못 함 안 함 do not forgive, cannot forgive
사랑 못 함 안 함 do not doing real love, cannot doing
real love
미완성은
0123456789까지 가서 0으로 못 돌아오는 것이다
미완성은
다시

01234567890의 완성을 남기고 있는 것이다

미완성이라는 것은
창조적 지식을 1/∞에서 ∞가 되어야 하는데 달성하지 못하고, 의
로운 영혼의 에너지를 1/∞에서 ∞까지 달성해야 하는데 못 한 것이다

그러나!
의로운 영혼은 바로
완성 completion
용서 forgive
사랑 doing real love

01234567890으로 지금 이곳에서 살고
의로운 영혼으로 이 세상에서 살며 완성해야 하는
창조적 지식∞
의로운 영혼의 에너지∞를 완성해서
이 세상의 여행이 끝나면 바로 그냥 의로운 영혼의 세상으로 들어
가는 것이다

그래서 완성은 이 세상에서 살고 바로 의로운 영혼의 세상으로 돌
아가는 것이고

미완성은 이 세상에서 살고 사악한 영혼의 세상으로 떨어져서 그
곳에서 다시 완성을 위해서 이 힘든 이 세상으로 돌아와서 또 완성
을 위한 여정을 해야 한다
미완성에서 완성의 길은 ∞의 시간이 필요한 것이다

그러니 지금
내가 육신을 가지고 있는 이곳에서 사는 길은
완성에 필수적인 것은
내 안에
과거의 찌꺼기들이 있어서
내면이 시끄럽고 더러워서 그곳에서 창조적 지식을 듣고 느낄 수
가 없어진다
과거의 찌꺼기는 오직 "용서와 사랑"
에 의해서 점점 깨끗해진다

내가 완성을 하기 위해서는
창조적 지식∞
의로운 영혼의 에너지∞
이것의 시작은
바로

과거의 찌꺼기를 태우고 깨끗이 씻어 내는 것이다
그래야
내면이
Silence and clean clear
조용하고, 깨끗하고, 청정해진다

그러면, 그 공간이 의로운 영혼이 거한다
Silence and clean clear of bubble of creation of
knowledge
그곳에서 창조적 지식이 생겨나고, 나는 그 창조적 지식을
듣고 느끼며
행동한다

의로운 영혼의 행동은
"it shares time with other, help other, but also doing
real love other"
이웃과 함께해주고
도와주고
참사랑 하며 산다

그러면,

나는

내면이 silence and clean clear

행동이 이웃에게 과거의 찌꺼기의 불완전 연소가 아닌

완전연소를 시켜주어서 이웃도

점점

내면이

Silence and clean clear로 되어서

우주가 바로

Silence and clean clear로 우주가 원하는 것을 내가 해줌으로써, 우주는 나에게

의로운 영혼의 에너지를 준다

이 일에 최초는 바로 용서와 사랑이다

과거의 불완전 연소의 찌꺼기는

현재 나는 용서하고 사랑하는 것이다

그 용서와 사람이 나의 내면의 찌꺼기를 태우고, 물로 깨끗이 씻어 내는 것이기 때문이다

남편은 아내에게 아내는 남편에게 집중

아내는 100% 남편에게 남편은 아내에게 100%

그러면, 아내와 남편은 끝까지 무탈하게 갈 수 있다

아내와 남편이 서로 함께하고 도와주고 참사랑 하면 산다

그러면, 남편도 창조적 지식∞, 의로운 영혼의 에너지∞를 얻을 수

있고, 아내도 창조적 지식∞, 의로운 영혼의 에너지∞

그러면

남편과 아내는 늙어서 힘들 때까지 같이 살 수 있다

그렇게 우주법이 만들어 준다

이 세상에서 사는 것은 단 1초도 낭비할 수 없다

단 1초라도

쓸모 있는 데 써야 한다

혹시 단 1초를 쓸데없는 데 쓰면

앞으로 가는 데 1초 동안 앞으로 갈 수가 없다

산다는 것은

계속 의로운 영혼의 세상으로 가는 것이다

그런데 그 길은 모두 1초를 더해서 가는 것이다
만약에 1초를 쓸데없는 데 쓰면
1초 동안 의로운 영혼의 세상으로 덜 간다

모든 자는 정해져 있다
모든 자는 1로 똑같이 정해져 있다

혹시 10000초라고 하고
= 10000/10000초이다
그래서,
10000/10000~1/10000로 줄어든다
그래서 0/10000이 되면 이 세상에서 없어진다

완성을 지으면 이 세상에서는 없어지지만 저세상에서 새로 의로
운 영혼으로 살게 된다

그러나 완성을 못 하면, 그저 이 세상에서 사라지는 것만이다

1초의 시간은
쓸데 있게 쓰면 완성이 될 수 있고
쓸데없이 쓰면 미완성으로 남는다

누가 알겠는가

자신들의 사는 결과가 완성인지 미완성인지?

그러나!

다 알게 된다

완성 후에는 기분이 좋아진다

미완성인 경우는 기분이 찝찝하다

남편의 시간 10000/10000을 아내에게,

아내의 시간 10000/10000을 남편에게, 그렇게 살면

부부는

{남편 시간 100000/10000 + 아내 시간 10000/10000} =

부부 시간 20000/20000

그래서! 혼자

완성하는 데 10000/10000시간만 있지만

부부가 완성하는 시간은 20000/20000이어서

부부가 함께하고, 부부가 돕고, 부부가 참사랑 하며 살면

그 안에

여유가 생긴다

그 여유는 기쁨이다, 재미다

그 여유는

부부가 창조적 지식∞

의로운 영혼의 에너지∞가 되기 위해서는

부부 시간 20000/20000 - 10000/20000 = 재미, 즐거움

그런데,

남편도 아내도 모두

창조적 지식∞, 의로운 영혼의 에너지∞를 얻는다

그래서 부부는

이 세상 여행이 끝나면

의로운 영혼의 세상으로 간다

이 조건에는

아내 시간 10000/10000를 온전히 남편을 위해 쓰고

남편의 시간 10000/10000을 온전히 아내를 위해 쓴다

남편과 아내의 관계는

서로 완성을 하게 하고 완성을 되는 것이다

그래서 이 세상에서 어느 관계보다 중요하다

남편과 아내는

의로운 영혼의 세상에서도 함께 재미있고, 즐겁게 산다

의로운 영혼의 세상에서는

이 세상에서 완성한 것으로 재미있게 산다

부부 둘이서 하나 된 부부가 만든 완성은

이 세상에서 저세상으로 연결이 된다

부부가 만약

완전히 의로운 영혼으로 살면

남편 의로운 영혼은 아내 의로운 영혼을 보고

아내 의로운 영혼은 남편 의로운 영혼을 본다

두 의로운 영혼은 의로운 영혼의 세상에서 창조되어서 어떻게 이 세상을 살아야 의로운 영혼의 세상으로 돌아갈까? 에 대해서가 이 세상에 사는 가장 중요한 이유를 알게 된다

불행히도

사악한 아내 사악한 남편은 완성이란 문제를 모른다

욕심의 아내, 욕심이 남편은 완성이란 문제를 모른다

그래서 함부로 시간을 보낸다

사실!

아내의 시간은 남편에게 남편의 시간은 아내에게는

남편과 아내는 이 세상이 다하고 저세상에서 살아야 하기 때문에

이 세상에서 남편과 아내는 잘 만들어가야 한다

그러면, 완성이 되고

그래서 부부는 의로운 영혼의 세상에서 끝까지 함께 잘 살게 된다

이 세상이 세상에서 부부는

그 어느 관계보다 소중하고 중요하다

부부관계는 100, 그래서 우주법은 부부로 주인인 공간에서 주인

역할을 항상 보고 의로우면 의로운 영혼의 에너지

사악하면 사악한 영혼의 에너지를 준다

부부관계에서는 100를 받는다

그러나!

부모 자식, 형제 관계에서는 40, 50 정도의 에너지를 받는다

이 세상에서

부부로 완성되면

모든 관계는 다 완성되는 것이 된다

부부는 음양의 조화를 원리로 한다

음은 안쪽 양은

바깥쪽에서 주인이다

음은 안쪽에서 우주의 판결을 받고

양은 바깥쪽에서 우주의 판결을 받는다

부부가 완성이 되기 위해서는

음은 안쪽에서 주인으로 의로운 영혼의 에너지를 받아야 하고, 양

은 바깥족에서 주인으로 의로운 영혼의 에너지를 받아야 한다

그러면!

부부는

둘 다 완성이 되어서

함께 부부로 의로운 영혼의 세상으로 돌아가서 끝까지 살 수 있다

늙음 몸 전셋집 그리고 완성

지금 나는 몸에 전세로 살고 있다

나의 외로운 영혼은 몸 전셋집에 살고 있다

그 전셋집은 내가 이 세상에 머무는 곳이다

내가 늙어 외로운 영혼으로 완성이 되면 나는

그 전셋집을 나간다

내가 창조적 지식∞

외로운 영혼의 에너지∞가 되면

나는 전셋집을 나간다

나는 전셋집 없이

몸 없이

살게 된다

내가 이 세상을 살기 위해서는 전셋집을 살리기 위해서 고생했고

또 힘들었다

그리고 내가 지금 늙어서 완성해서 보면

전셋집 몸과
그 전셋집에 전세로 사는 의로운 영혼 간에 갈등이 많았다

전셋집 몸은 나에게 요구한다
몸을 잘 관리하고 몸이 필요하는 것을 우선적으로 해달라고 했다

나의 의로운 영혼 세입자는
힘이 약해서 가끔은 세입자인 의로운 영혼에 해준 것이 적었다

그래도 다행히 나는
늙어 가는 동안
전셋집에서 살면서
알게 된 것들이 있다

나는 전셋집은 나의 것이 아니다
오직 나의 것은 의로운 영혼이나
의로운 영혼이 필요한 것은
창조적 지식을 얻는 것이다
의로운 영혼의 에너지를 얻는 것이다
내 집이 아닌 전셋집에 살면서
진짜 나 의로운 영혼이 성장해야 한다

그것이 진짜 사는 것이다

진짜 사는 것은
힘들고 고통스럽다
무엇 하나 쉽게 넘어가는 것이 없다

욕심으로
사악함으로도 절대로
못 넘어간다

의로운 영혼의 성장은
먼저
전셋집 몸이 내 것이라고 여기지 않는다
그러니!
진짜 내 것
의로운 영혼
의로운 영혼이 살 수 있는 곳은
Silence and clean clear
조용하고, 깨끗하고, 청정한 곳이다

그러면, 그곳에서 아주 조용한 공기방울

Bubble of creation of knowledge

뽀그리

내가 정의한 단어다

뽀그리는 조용한 가운데 살짝 나에게 창조적 지식을 전해준다

그 뽀그리는 나의 문제를 해결한다

그 뽀그리는 나를 성장시킨다

의로운 영혼이 있는 곳

조용하고, 깨끗하고, 청정한 곳이다

그곳에 창조적 지식이 있다

우주의 본래 모습은

조용하고 깨끗하고 청정한 곳이다

우주는

우수를 조용하고, 깨끗하고 청성하게 회복하는 사에에

의로운 영혼의 에너지를 준다

이 세상에 사는 자는

내면이

조용하고, 깨끗하고, 청정해야

나의 의로운 영혼이 살 수 있다

이곳에는
과거의 찌꺼기가 없다
그저 조용하고, 깨끗하고 청정하기만 하다
그 공간이 바로 의로운 영혼이다

공간에 찌꺼기가 있으면 의로운 영혼이
살기가 힘들다
그 찌꺼기를 먹으면서 사는 사악한 영혼이 살기 좋은 곳이 된다

이 세상에 살면서 의롭게 살려면
내면이 조용하고, 깨끗하고, 청정해야 한다
이 말은 내면의 찌꺼기를 청소해야 한다
내면을 깨끗이 청소하는 것이
늙는 것이다
완성하는 것이다

늙는 것의 완성은
전셋집 몸에서 벗어나는 것이다

늙은 것의 완성은

전셋집을 벗어나서 나의 집으로 이사를 가는 것이다

나의 집은 내가 절대로 나의 것이기 때문에 전세금을 낼 필요가
없게 된다

늙는다는 것은 완성하는 것이다

그래서 완성하면

전셋집을 나와서 나의 집에 들어간다

나의 집은 내가 이 세상을 살아온 결과로 들어가는 것이다

내가 이 세상을 단 1초의 시간도

늙음 성장 완성 completion에 필요하게 사용해야

전셋집에서 나의 집으로 들어간다

혹시 1초의 시간을 쓸데없이 써서

늙어서 완성을 하지 못하고

전세에서 월세로 다시 세 들어가는 자도 있을 것이다

늙음 완성

전셋집에서 내 집으로

내 집은 내가 집세를 낼 필요가 없는 집

그 집은 바로 외로운 영혼의 세상으로 가는 것이다

그곳에는
모두가 완성이 된 의로운 영혼들이다
늙음을 완성한 자들이다

모두가
창조적 지식∞
의로운 영혼의 에너지∞
모두가 자기 집을 가진다
모두가 집주인들이다
그래서
아무것도 집을 위해서 쓸 필요가 없게 된다

늙음 완성
= 나의 집
= 의로운 영혼의 세상

의로운 영혼의 세상
모두가 각자가
창조적 지식∞
의로운 영혼의 에너지∞

모두 다 군자 gentle man

좋은 예절

좋은 친절

좋은 겸손

모두가 웃고

모두가 밝고

거기는 바로

늙음 완성

의로운 영혼의 에너지∞가

창조적 지식∞이

늙음 완성

혹시!

이 세상에 살면서 남겨둔

미술, 도자기, 글들도 영원히 살아남는다

도자기는 1000년을 넘게 남아서

소위 골동품으로 매우 비싸게 소장되어 살아남는다

그러나!

슬프게

늙음 미완성은

월세로 살게 되고, 그 월세는

세를 내야 한다

이 세상을 떠나서도 세를 내고 살아야 한다

그곳은

모두가 미완성의 곳으로

모두가 그저 손님으로만 살기를 바라고 산 사람들이어서

누가 주인으로 해주는 자가 없어서

여전히

아무것도 모른 자들이 그곳에 있다

이 세상에 사는 것에

힘 들이지 않고 남의 힘을 빌려서 산 자들은

그들은 자기 스스로 한 번도 살지 못하고 타인의 힘으로

살다가 온 자들이다

그곳은

모두가 아수라장이다

그런데 누구도

타인을 도울 생각을 못 한다

참으로 신기한 그곳이다
그곳은 바로 사악한 영혼의 세상이다

그곳은
모두 늙음 미완성자들이어서
살기 위해서
복수하고 파괴하며 산다

그들이 이 세상에 살면서 혹시 남겨 놓은 것들은
모두 쓰레기로 남아서
이 세상에 살아 있는 자들에게 짐이 된다

"늙음 몸 전셋집 그리고 완성"
늙음 그리고 완성은
전셋집에서 나와 내 집으로 들어가는 것이다
그 집에서 끝까지 산다 내 집이니까! 완전 공짜로
끝까지 산다

함께 사는 자들도
모두
늙음 완성된 자들이어서

늙음 완성 내 집 주위에 사는 모두는

창조적 지식∞

의로운 영혼의 에너지∞

모두 다 군자 gentle man

좋은 예절

좋은 친절

좋은 겸손

모두가 웃고

모두가 밝고

이런 이웃들과 끝까지 산다

조용하고 깨끗하고 청정함

용서하고 참사랑 하면
과거의 찌꺼기가 불로 태워서 물로 씻어 낸다

그러면
내면은
조용하고, 깨끗하고 청정해진다

내면이 조용하고 깨끗하고 청정해지면
나로 살게 된다
내가 하고 싶으면 하고
내가 도와주고 싶으면 돕고 그렇게 할 수 있다

조용하고 깨끗하고 청정한 그곳에는
사악한 영혼이 없다
오직 의로운 영혼만 있다
의로운 영혼은 바로 조용하고 깨끗하고 청정한 공간이다
그 공간은 다시 표현하면

MIND = 1/∞이다

이 세상의 나는, 가정하면

{몸 + MIND + 사악한 영혼}이 내가 있다고 인식하고 산다

그러나!

MIND = 1/∞ = 찌꺼기가 깨끗이 청소되어서 청정해진 그곳에

조용한 공간 그 자체가 의로운 영혼이다

의로운 영혼은 공간이다

그래서, Righteous soul & Nothing이다

나라고 느끼는 것은

{몸 + MIND + 사악한 영혼}이다

그래서

MIND = 1/∞로

이곳이 조용하고, 깨끗하고 청정해지면

이곳에는 찌꺼기가 없다

찌꺼기 = {몸 + MIND + 사악한 영혼} = 1/∞

나라고 느껴지는 것은 바로

찌꺼기 = {몸 + MIND + 사악한 영혼}

이것이 0이 되면 = Righteous soul

내면에는

오직

Silence and clean clear

조용하고, 깨끗하고 청정해진다

그래서

찌꺼기가 없으니 나로 느껴지는 것이 없다

나로 느껴진 것이 없으니 내가 없다 무아(無我)가 된다

이 세상에 내가 없으니 = 무아(無我)

무아(無我) = 우주가 느끼는 silence and clean clear =

Righteous soul = 내면은 원래 우주여서, 당연히 조용하고, 깨

끗하고, 청정해야 한다

무아(無我)인 나라는 느낌은

오직 silence and clean clear, 소용하고, 깨끗하고, 청징하는

것을 느낀다

"조용하고 깨끗하고 청정함"

"의로운 영혼"

"무아(無我)"

"우주법을 지킴"

그 시작은 바로 용서와 참사랑이다

이 느낌은 한번 맛을 보면
그 맛을 끝까지 기억하고 그렇게 살려 한다

그러나!
용서 사랑을 못 하게 되면
"시끄럽고, 더럽고, 오염된 곳"
"사악한 영혼"
"유아(有我) 내가 있음"
"우주법을 어김"

그렇게 살면
몸을 가지고 한 번도 제대로 나로 살지 못하고
나로 살지 못하고 거짓 나로 살다가 이 세상이 끝나면 거짓으로
사는 세상인 사악한 영혼의 세상으로 간다

그러니!
용서하고 참사랑 하며 살 줄 알아야 한다

이 세상에서 육신을 가지고 살며

조용하고 깨끗하고 청정하게 살 줄 알아서

그렇게 사는 재미를 알게 되고

끝까지 그렇게 살려고 애를 쓰게 된다

만약내가

항상

조용하고, 깨끗하고, 청정하게 살면

나는 항상 그렇게 살려고 할 것이다

나는 알게 되었으니

나는 조용하고, 깨끗하고, 청정하게 끝까지 살고

나는 의로운 영혼의 세상으로 안전하게 돌아간다

용서는 과거의 찌꺼기를
없애는 과정이다

사는 것은

나는 만나는 것이고

그 만남에서

발생하는 것들이 찌꺼기로 남기도 하고 완전 연소되기도 한다

우리가 알고 있는 경기에는 선수가 있고, 관중이 있고, 심판이 있다

내가 이 세상에 사는 것이 경기라고 하면

나는 선수이고 주인이다

선수는 다른 선수와 시합을 한다

그럴 때 관중이 그 시합을 본다

그럴 때 심판이 그 시합을 본다

그 경기에서 발생하는 찌꺼기는 선수인 나, 관중, 그리고 심판에게 남는다

그러나 그 경기에서 완전연소 되어서 아무것도 남지 않으면

선수인 나에게도, 관중에게도 심판에게도 그저 silence and clean

clear이다

그런데!
내가 선수이고 주인인 경기에서 찌꺼기가 발생했다
선수인 나는 다른 선수와 경기를 하는데
나와 경기를 하는 선수가 페어플레이를 하지 못하고
오직 이기기 위한 경기를 해오는 것이다

순리적이 아니고 모든 반칙을 동원해서 이 경기를 이기려 하는 것
이다, 선수인 나도 화가 나고, 관중도 눈살이 찌푸리고, 그리고 심
판도 몇 번의 반칙을 선언해도 그 선수는 경기를 그렇게 했다

경기는 끝났다
그 경기에서 잘못한 것은 충분히 심판이 제재를 가했다
그러니 안 되었다

나는 또 다른 경기를 해야 한다
사는 것이 그 결과에서 많은 찌꺼기들이 남는다
나는 선수이고, 주인이다
나는 다른 선수들과는 경기를 하고, 주인과 손님으로도 경기를 한다

수많은 찌꺼기들이 불연소되어서 그 찌꺼기들이 내면의 낮은 깊이에서 떠돌아다닌다, 이 찌꺼기는 용서의 대상이다, 사실 경기에서 심판이 이미 반영을 했다
그러니 선수인 나와 주인인 나는
그 찌꺼기에 묶이면 바보다
그 찌꺼기에 묶이게 하는 것이 바로 사악한 영혼이다
그 찌꺼기에 묶이며 사악한 영혼의 노예가 되어 버린다

아까운 나의 시간을 사악한 영혼의 노예로 살게 된다
사악한 영혼의 노예는 바로 Revenge and breaking하게 한다

용서는 심판이 한다
용서는 심판관인 우주법이 한다
사실 매 순간순간 선수인 나와 주인인 나가 다른 선수와 다른 손님과 경기를 하면
그 순간순간 심판인 우주법은
법에 따라서 처리를 한다

그런데 사실
우주법은 이 세상에서 보이질 않는다
그래서 없다고 생각하는데

우주법은 어디든 있다

만약에 우주법이 없다고 하면
우주는 돌아가지 못한다

선수인 나와 주인인 나와
다른 선수와 손님과 경기를 할 때
반칙으로 누군가 이기려 한다면, 그래서 그 반칙이 승리를 하게
하면 우주는 모두 반칙으로 살게 된다
그러니 우주는 절대로 그것을 용납을 할 수 없다
우주법에는 아무리 속이려 해도
우주법은 아주 상세히 속속들이 판정을 한다
우주법에 맞으면 의로운 영혼의 에너지를 그래서 순리를 따르게
한다
우주법을 지키지 않으면 사악한 영혼의 에너지를 주며 순리가 아
닌 선수 주인 손님을 모두 그 앞길을 일시 정지시킨다 결국 빨리 가
려는 자, 이기려 하는 자는 더 늦어지게 된다

알아야 한다
나는 용서하고 사랑하는 것을 하며 우주법에 용서를 빌어야 한다,
그리고 우주법을 지켜야 한다

그래서 내면의 낮은 깊이에 떠다니는 찌꺼기를 불로 태우고 물로
씻어 내야 한다

그래야, 내면이
조용해지고 깨끗해지고, 청정해저서
깊은 곳에 있는 뿌그리 창조적 지식이 올라온다
나는 그 뿌그리, 창조적 지식으로 나는 더 깊이 내려간다
더 깊이 심오한 깊이로 내려가는 것이
바로 의로운 영혼의 세상으로 한 발 더 가는 것이 된다

영어로 vertical time running
깊이∞ × 너비1/∞ = 깊은 곳에 있는 의로운 영혼의 세상으로 간다

반대로 horizontal time running은
너비∞ × 깊이1/∞ = 낮은 곳에 있는 찌꺼기로 살아서 사악한 영
혼의 세상으로 간다

깊이∞ × 너비1/∞ = 면적이 같다
너비∞ × 깊이1/∞ = 면적이 같다

그런데

Vertical time running은 깊이 ∞로 가는 것이고
Horizontal time running은 너비 ∞로 가는 것이다

깊이로 가는 것은 뽀그리 창조적 지식과 관련이 있고
너비로 가는 것은 찌꺼기 old knowledge완 관련이 있다

그래서 또 같은 면적을 가는데
깊이로 가는 창조적 지식은 창조, 새로운 것으로 면적을 같게 하고
너비로 가는 old knowledge, 모방 그리고 타인의 공간을 뺐는
것으로, 똑같은 면적을 가는데, horizontal time은 싸울 수밖에
없다 그러나, vertical time은 싸울 필요가 없다

Vertical time running은 깊이 ∞로 가는 것이고
그래서
이 길은 창조적 지식으로 심오해지며
의로운 영혼인 나는
"조용해지고, 깨끗해지고, 청정해져서"
이웃과 함께하고 도와주고 참사랑 하며 사는 것이 가능하다

당연히 우주법은 의로운 영혼의 에너지를 ∞로 주어서
의로운 영혼의 세상으로 무사히 도달하게 해 준다

Horizontal time running은 너비∞ 가는 것이다

그래서

이 길은 old knowledge로 점점 더 천박해지고

사악한 영혼이 나는

"시끄럽고 더럽고 오염이 되어서"

이웃과 함께할 수 없고, 도울 수도 없고, 그리고 참사랑 할 줄도 모른다

모든 수단을 반칙을 가리지 않고 이기려는 경기는 하는 선수가 되고 만 것이다

그리고 그렇게 살면

모든 경기 끝에 찌꺼기가 쌓여서, 내면은 오직 모두 낮은 깊이에는 찌꺼기로 쌓이게 된다

그러면,

그렇게 살게 되면,

찌꺼기가 진짜로 알고 살아서

그 깊이에 있는 뽀그리 창조적 지식을 모르고 살다가 이 세상을 여행을 끝낸다

그렇게 되면

그야말로 우주법은 사악한 영혼의 에너지를 ∞로 주어서

그렇게 사는 자는 당연히 사악한 영혼의 세상으로 떨어진다

나를 먼저 용서할 줄 알아야 한다

나는 누구인가?

나는

{의로운 영혼 + 사악한 영혼 + mind + 육신} + {내면의 과거의 찌꺼기}이다

이 식을 다시 쓰면

나는

{의로운 영혼} + {사악한 영혼 + mind + 내면의 과거 찌꺼기} + {육신} = 지금의 나

의로운 영혼은

조용하고, 깨끗하고, 청정하며, 창조적 지식으로, 이웃과 함께하고, 도와주고, 참사랑 할 줄 아는 의로운 영혼

나를 성장시키는 영혼

사악한 영혼은

시끄럽고, 더럽고, old knowledge에 의존하며 나만 편안하며 되며 이를 위해서 복수와 파괴를 하고 하게 하는 영혼

Mind

육신과 함께하는 것으로

좋은 마음, 나쁜 마음 이는 보이는 세상 macro concept world 에서는 좋은 마음이 마치 의로운 영혼처럼 여기며, 나쁜 마음은 사악한 영혼으로 여겼다

그러나!

Mind는 남보다 많이 가지는 것이 근본이다

그래서, macro concept world에서는 아무런 죄가 아닐지라도 우주법에서는 큰 죄이다

우주는 근본적으로

조용하고, 깨끗하고, 청정해지는 것을 기본으로 한다

그런데

Mind는 일단 많이 가지려 한다

그러면,

모든 시간을 많이 가지는 데만 쓴다

그 결과!

Mind는 사악한 영혼과 친하게 된다

Mind가 많이 가지면, 사악한 영혼의 혼자만 편안하게 살려는 힘이 작용해서 결국 사악해진다

내면의 과거 찌꺼기

과거 찌꺼기는 내면을 떠다닌다

그런데, 이 찌꺼기는 사악한 영혼에 이용당한다

사악한 영혼의 복수 파괴에 이용당한다

사악한 영혼은 과거의 찌꺼기를 계속 우주 안에 공급을 한다

그래서 우주를

시끄럽고, 더럽고, 혼란하게 만든다

이 찌꺼기로 사는 자는

이 세상을 시끄럽고, 더럽고, 그리고 세상을 혼란하게 만들고 많은 자들이 힘들어한다

과거의 찌꺼기는 불완전 연소로 과거의 타다 남은 더러운 찌꺼기들이다, 그 찌꺼기가 내면에 떠다닌다

내면의 아주 살짝 깊이에서 떠다닌다

그래서, 아주 쉽게 우주에 들어온다

내면의 찌꺼기는 우주를 심하게 오염시킨다

내면의 찌꺼기는 삼류 싸구려 광고 지식이 된다

내면의 찌꺼기는

그래서 광고 찌꺼기, 과거의 불완전 연소, 누군가 나를 그들의 종이 되어 달라고 불어넣은 찌꺼기들이다

이 찌꺼기는

절대로 나를 성장을 시키지 않는다

이 찌꺼기는 사악한 영혼과 연결 고리가 된다

이 찌꺼기는 다 버려진 쓸데없는 쓰레기이다

그러나!

사악한 영혼은 이 찌꺼기를 가지고 산다

이 찌꺼기는 과거의 나를 힘들게 한 것들, 누군가 나를 무시한 것들, 누군가 나를 업신여긴 것들이다

그래서 사악한 영혼은 절대로 이 찌꺼기를 못 버린다

어떤 자는 이 세상에 끝까지 가지고 사는 자도 있다

그래서

나는

{의로운 영혼 0%} + {사악한 영혼 + mind + 내면의 과거 찌꺼기} + {육신} = 지금의 나

= {사악한 영혼 + mind + 내면의 과거 찌꺼기} + {육신} = 나

그러나 만약 이렇게 살게 되면

{의로운 영혼 100} + {육신}의 나

조용하고, 청정하고, 깨끗하고, 창조적 지식

Silence and clean clear of bubble of creation of

knowledge

이웃과 함께하고, 도와주고, 참사랑 하며 산다

It shares time with other, help other, but also doing
real love other

이는 곧

나는 성장한다

나는 살아 있다

{성장하고 살아 있는 나} + {창조적 지식 1 + 창조적 지식 2 + …
창조적 지식 n} = completion of me, 완성의 나

가 된다

어떻게 나는

{의로운 영혼 100} + {육신} = 나로 살 수 있을까?

{의로운 영혼} + {사악한 영혼 + mind + 내면의 과거 찌꺼기} +
{육신} = 지금의 나

에서 {의로운 영혼 100} + {육신}로 살기 위해서는

{사악한 영혼 + mind + 내면의 과거 찌꺼기} = $1/\infty = 0$이 되
어야 한다

어떻게 그렇게 할 수 있을까?

만약에

{사악한 영혼 + mind + 내면의 과거 찌꺼기} = 사악한 영혼의 나를 1/∞ = 0으로 만들기 위해서는

불쌍한 사악한 영혼인 나를 먼저 용서를 해 주어야 한다

그리고 참사랑해 주어야 한다

내면의 과거 찌꺼기는 과거에 나는 얼마나 약했고, 그래서 다른 사악한 영혼의 공격(revenge and breaking; 복수와 파괴)의 찌꺼기들이 쌓이게 되었다

이 과거의 찌꺼기들이 아주 낮은 나 안에 가득 쌓여 있어서, 나 안은 이미 시끄럽고, 더러운 찌꺼기들로 냄새 구역질 나는 내면이 되어 있다

그런 불쌍하고 연약한 과거의 나를

그래도, 지금의 나가 불로 태우고, 물로 씻어서 내면을 깨끗하게 청소를 해야 한다

그 방법은 바로 "나를 먼저 용서하고 나를 먼저 사랑해 주어야 한다"

지금의 내가 과거의 나를 용서와 사랑을 못 해 주면, 누구도 나를 용서해 주거나 나를 사랑해 주지 않는다

{사악한 영혼 + mind + 내면의 과거 찌꺼기} = 사악한 영혼의 나를 1/∞ = 0으로 만들기 위해서는 먼저 내가 나를 용서하고 사랑해야 한다

내가 나를 용서하고 사랑하기 시작하면

내가 silence and clean clear를 하니, 우주법은 나에게 의로운 영혼의 에너지를 준다, 왜냐하면 지금까지 내가 우주를 힘들게 하는 loudly and dirty였는데, 내가 silence and clean clear한다는데, 얼마나 기쁘게 의로운 영혼의 에너지를 주겠는가!

내가 나를 용서하고 사랑하게 되면,
아주 작은 힘이지만 서서히 변화가 일어난다
내 안에 있는 의로운 영혼이 힘을 가지게 된다

의로운 영혼∞ = {mind = 사악한 영혼 = 내면의 과거 찌꺼기 = 1/∞} = {의로운 영혼 + 창조적 지식 + 의로운 영혼의 에너지가 ∞로 성장하기 시작}

끝까지 나를 용서하고 참사랑 하게 되면, 그러면, 내 안에 변화는 창조적 지식이 작동하고, 의로운 영혼이 작동해서, 아주 약하지만, 용서하고 사랑하는 것을 돕는다
그래서, 끝까지 그렇게 살게 되면

용서와 사랑의 힘이 ∞가 되어서 내면의

{mind = 사악한 영혼 = 내면의 과거 찌꺼기 = 1/∞}는 진짜로

사라지고,

깊은 곳에 있는 심연의 창조적 지식으로 살게 된다

그러면

{의로운 영혼 + 육신 + 심연의 창조적 지식} =

Silence and clean clear = 우주법이 가장 좋아하는

조용하고, 깨끗하고 청정한 내가 된다

바로 이것이 성장의 과정이다

이렇게 성장을 하면

우주는 나에게 의로운 영혼의 에너지를 ∞로 만들어 주고, 의로운

영혼의 세상에서는 나를 위해서 끝까지 창조적 지식을 주어서 나의

창조적 지식이 ∞가 된다

이 시작은 바로

"나를 먼저 용서할 줄 알아야 한다"이다

찌꺼기에 의존해 사는 자의
보복공격 용서

찌꺼기

내면이 찌꺼기로 찬 슬픈 자

우리 아내와 일한 슬픈 자

그자는 자기 상사를 슬프게도 고발했다

우리 아내

3년이 지난 지금도 그 슬픈 자로 힘들어한다

아내가 힘드니 나도 무척 힘들다

어떻게

함께 일하는 동료를 고발할 수 있을까?

우리 아내도

그 슬픈 자도 슬프다

우리 아내도 힘들고

그 슬픈 자도 힘들다

왜 주변에 그렇게 슬픈 자들이 생기는가?

슬픈 자는 찌꺼기에 의존해 살고 있다

찌꺼기는
과거에 생기는 불완전 연소 찌꺼기다
슬픈 자는
세상의 모든 일을 고발로 소송으로 해결하고 산 자였나 보다

세상에!
직장 동료를 지금은 경쟁자 이상으로 안 볼까?
직장 팀원이 협력할 수 있는 자가 아닐까?

우리 아내도
슬픈 찌꺼기에 의존해서 사는 자도 모두 슬프다

어쩌면
모두가 찌꺼기로 사는 자일지도 모른다
그러니, 모두가 슬픈 자일지도 모른다
왜!
낮시간에 함께 사는 자들인데
이렇게 힘들어하면서 살까?

그 찌꺼기가 왜 내 속에까지 들어와서 나를 힘들게 할까?

아내가 힘들어하니까

나도 힘들다

나도 힘들다

산다는 게 왜 이리 힘들까?

나랑 사는 자들이

찌꺼기로 살고 있는 자들이 있어서

항상 감안하고 살아야 한다

나랑 사는 자가 찌꺼기로 살면

나는 도를 닦으며 살아야 한다

혹시 나랑 사는 자가 찌꺼기가 없는

내면이

조용하고, 깨끗하고, 청정한 자이면

나는

나랑 사는 진짜 의로운 자랑 신나고, 기쁘게 산다

내면이 조용하고 깨끗하고 청정한 사람과 살면

나도 그렇게 된다

나의 내면이

조용하고, 깨끗하고, 청정한 자가 된다

그런 나는

함께하고, 도와주고, 참사랑 하며 산다

혹시 나랑 함께 사는 자가 그러면

나는 그 사람 때문에

나는 이 세상에서 의로운 영혼의 세상의 그곳에서

사는 진짜 재미있는 삶을 산다

왜!

찌꺼기로 사는 사악한 영혼은

그 단순한

함께하고, 도와주고, 참사랑 하는 것을 모를까?

왜 나의 아내는 그 단순한 것을 모를까?

일을 같이 해 보면

능력을 알고 성격을 알면

하기 싫어하거나

못 하거나

주변 사람들과 못 어울리면

그것을 감안해서 하면 좋았을 것을
우리 아내가 참으로 딱하다

나는 우리 아내를 사랑한다
나는 우리 아내를 사랑한다

이 세상에 사는 길은
쉽지 않다

혹시 일이 먼저이고
사람이 후이면

그 일의 결과를 위해서
동료를 같이 사는 자를 모른다
그래서 그곳에는
함께해 주고 도와주고 참사랑 하는 법을 모른다
그런데,
그 슬픈 자는
일의 결과를 중요시한다

일의 결과는 좋을지라도
함께 살고 있는 자는 매우 힘들어한다

슬픈 일이지만
이 세상에 사는 자들의 오류는
능력을 기대치를 본다

기대치에 못 미치면
함께 사는 자를 동료로 보는 게 아니라 원수로 본다
아주 쉬운 방식의 삶이다
그러면,

원수하고 평생을 사는 꼴이 된다
자기는 더 불완전하고 능력이 없고 그러면서
자기랑 사는 자를 정의해서 격리시킨다

자기랑 함께 사는 자를
함께해 주고, 도와주고 참사랑 하며 살지 못하고
원수로 산다

얼마나 슬픈 찌꺼기로 사는 자인가?

그래서

나는 찌꺼기로 살지 말아야 된다

나는

나와 함께하는 자들을 용서하고 사랑하며 살아야 한다

나는 지금 싸우고 있다

우리 아내를 고발한 자를 용서하고 사랑하기 위해

우리 아내가 힘들어하는 것을

나의 속이 아닌 나를 용서하는 것까지

가끔은 이렇게 생각한다

왜 그런 찌꺼기 싸움이 나에게 연결이 되어 있을까?

이것은 나에게 무엇을 알리기 위해 나를 연결시킬까?

아마도

지금 이 '용서 그리고 사랑'이란 책을 쓰며

힘들어하라고 그런 가?

너무 힘이 든다

우리 아내도 자유로워지고

그분도 자유로워지고

그 자유가 얼마나 소중한지 알면 좋겠다

나는 지금 살면서

찌꺼기로 살지 않고

내면이

조용하고, 깨끗하고, 청정하게 살면

자유로워진다

그러면

먹지 못하고

좋은 데 자지 못한다 한들

무엇이 힘들 것인가?

내면에 찌꺼기가 있으면

아무리

잘 먹고 좋은 곳에 살아도

찌꺼기로 인해서

내면이

시끄럽고 더럽고 쓰레기 냄새 나니

얼마나 힘들겠는가?

내면이 청정하고 조용하고 깨끗하게 가난하게 사는 것이

내면이 시끄럽고 더러운 쓰레기 냄새로 편안하게 사는 것이 훨씬
사는 데 불편하다

알게 되었다
Macro concept world 빚은 돈을 빌려서 사는 것이고
Micro concept world 빚은 찌꺼기로 사는 것이다

돈을 빌려서 빚이 있으면 항상 걱정이 있고
찌꺼기로 살면 항상 자유롭지 못한다

그래서
돈이 없어서 조금 불편해도 가난하게 살아도 걱정이 없는 삶이 훨
씬 좋다
덜 먹고 덜 싸면 된다
찌꺼기가 없이
내면이
조용하고 청정하며 깨끗하게 살면
자유롭다
진짜 나로 살 수 있다
진짜 나로 이웃과 함께하고, 도와주고, 참사랑 하면 산다

　　용서 그리고 사랑

오늘 나는 글을 쓰면 알게 되었다

찌꺼기 없이

조용하고, 깨끗하고 청정하게 사는 것이 얼마나 큰 즐거움인가를

알게 되었다

나는 모두를 용서하고 사랑한다

그것은 남을 위한 것이 아니라

내 안에 찌꺼기가 쌓이지 않도록 하기 위함이다

나는

자유롭게 산다

그 자유로움은

내면이 조용하고, 깨끗하고, 청정해서 가능하다

비로소

세상의 찌꺼기 불쌍한 자들로부터 초월할 수 있게 되었나

나는 용서하고 사랑하며 산다

그래서 나는

내면이 조용하고, 깨끗하고 청정하게 산다

나는 자유롭게 산다

나는
내면이 조용하고 깨끗하고 청정해서
그곳에서 창조적 지식을 얻어서 산다

창조적 지식은 나를
진짜로 살게 한다

진짜 내가
진짜로 살게 되면
나는 성장하게 된다

진짜 나를
찌꺼기가 있는 쓰레기 속에 살게 하지 않는다
진짜 나를
조용하고, 깨끗하고, 청정한 곳에 살게 한다
나는 계속 창조적 지식을 얻고
나는 그래서
이웃과 함께하고
이웃을 돕고
이웃을 참사랑 하면서 산다
그러면

우주는 나에게
의로운 영혼의 에너지를 준다

내가 용서하고 참사랑 하고 살면
내가
조용하고, 깨끗하고 청정하게 산다
그러면 나는
창조적 지식을 얻는다
나는 이웃과 함께 산다
도와준다
참사랑 하며 산다

그러면 끝내 나는 이 세상이 끝나면
완성이 되어서
의로운 영혼의 세상으로 간다
나는 의로운 영혼의 세상에 산다

힘들다
힘든 나를 용서하고 사랑한다

힘들다

나는 지금 힘이 든다

나는 나의 길에서 힘들어하고 있다

나는 믿는다

나는 매일 변한다는 것을

이 힘든 순간도 변할 것이다

변하니까

살 수 있다

오늘 아침에

택시를 탔다

그 기사님은 자신의 아침 운동 할 때 함께한 사람을 언급했다

그러면서 자신의 무슨 일을 했는지도 말했다

그 택시기사는 대기업 인사 부장을 했다고 말했다

나는 택시에서 내렸다

일단 택시에서는 매우 둥글둥글한 기사를 만났다

오늘 내가 만난 첫 번째이다

나는 그런 사람을 좋아한다

잠시 이 힘든 순간에 좋아하는 자를 만나서 위로가 되었다

지금도 시간은 흘러서 간다

지금 나는 힘들다

힘들면 그만이다

신기하게 내가 힘든데

나의 주변인들은 나를 기쁘게 한다

우리 여동생들이 카톡에서 대화가 활발해진다

동생늘도 아는 보양이나

오빠가 힘든 것을

그래도 난 이 힘든 항로를 벗어나지 않고 간다

고진감래를 믿어 본다

오늘 아침에는 눈을 뜨니 5시 10분이었다
허둥지둥 세수를 하고 택시를 잡고 직장에 갔다

늦잠을 잤다
우리 아내도 힘들고
나도 힘든 상황이다

나는 지금의 힘든 나를 용서한다
나는 우리 아내의 모든 것을 용서한다 사랑한다
우주는 이렇게 힘들게 하는 이유를 알 것이다
나는 그저 용서할 뿐이다
나도 용서하고 우리 아내도 용서하고
내가 할 수 있는 유일한 방법은 용서하는 것뿐이다

나는 나를 용서하다
나는 너를 용서한다
나와 너 모두 용서한다

나는 이 힘든 상황을 용서한다

내가 이렇게 힘든 상황에도 아주 자그마한 불씨

가 보인다

더 성장해서 길은 가는 내가 보인다

우리 아내도 더 성장해서 가는 길이 보인다

우리 부부는 더 성장해서 같이 길을 간다

어느 날 조용하며 정이 있으며 따스한 말을 한다

그것은 나를 위로하고 감동을 주었다

우리 아내가 나에게 해준 성장의 결과이다

나는 언젠가 글을 쓰면서 알게 되었다

말에 아무런 의도된 힘을 쓰지 않으면

그저 내면의 소리로 소곤소곤댄다는 것을 알게 되었다

내면의 깊은 곳에서 뽀그리를 그대로 말하는 것이다

말이 그대로 뽀그리다

뽀그리는

Silence and clean clear of creation of knowledge가 한

글로 쓰면 뽀그리다

내가 만든 단어다

말을 하는 것도

숨을 쉬는 것도 다 길이 있다

말을 할 때는 뽀그리 도움을 받아서 소곤소곤
숨을 쉴 때는
깊게 온몸에 산소가 전달되도록 숨을 쉰다

입은 먹고 말하는 것이다
코는 내면에 찌꺼기를 모두 청소하는 공기를 내면으로
공급하는 것이다

호흡은 내면을 청소하는 것이다
호흡은 내면에 에너지를 활성화시키는 것이다

말을 못 하면
말이 독이 되고
호흡을 못 하면 호흡이 독이 된다

"힘들다 힘든 나를 용서하고 사랑한다"
누구에게 말할 때 소곤소곤 그러면 그때 불완전 연소의 찌꺼기가
발생하지 않는다
그러면 내면은 조용하고, 깨끗하고 청정을 유지한다
내가 지금 힘든 것은 혹시
언젠가 누구에게

말을 함부로 해서
그때 불안전 연소의 찌꺼기다 남아서
나의 내면을 돌아다니는지 모른다

말
호흡
이 두 가지 무기는

그때 그 순간 완전히 연소해서 찌꺼기를 남지 않게 한다
내 안에 찌꺼기를 만들지 않은 것이
끝내는 내가 힘들게 되지 않는 길이다

내가 이렇게 힘이 들어서
고민을 한다

알고 있다
너무 힘들어도 우주법은 알고 있다
아마도 우주법은 나에게 참으라고 할 것이다
우주법은 나를 성장시키기 위해서 이렇게 힘들게
나를 단련시키고 있다
이 힘든 고비를 넘기면

나는

불완전 연소의 찌꺼기가 생기지 않는 말을 할 수 있고

호흡을 할 수 있게 된다

그러면 나는 성장하는 것이고

우주법이 나의 성장에

나에게 의로운 영혼의 에너지를 듬뿍 주실 것이다

나는 지금 힘들지만

잘 극복해서 더 성장한 내가 되어서

내가 오늘 택시 기사에게서 느낀

두리뭉실한 느낌을 나의 주변 사람들에게

주게 될 것이다

그저 나도 우리도 모두 성자하고 즐겁고 신나게 지금 살면 우주법
은 그런 우리들에게서 감동한다

속지 말아야 한다

속지 말아야 한다
내가 나로 살지 못하면 나는 속고 사는 것이 된다

누구든 항상 나를 속이려 한다
내가 속았는지 아닌지 알아야 한다

방금 뽀그리가 나를 성장시키는 창조적 지식이 왔다가
순간 적으로 나를 속이는 찌꺼기 사악한 영혼의 old knowledge
가 온다

Old knowledge는 쉽다, 그리고 아는 것처럼 여겨진다
그런데 그것은 나를 성장을 못 시켰다는 것은 모른다
Old knowledge는 누구가의 찌꺼기이다
이미 지식이 아닌 지식의 찌꺼기이다

내가 어느 순간 살짝 오는 뽀그리 창조적 지식은
나도 누구도 모른다

그러나!

나를 성장시키는 창조적 지식이다

그러나 나도 그 창조적 지식에 반신반의한다

그러나 그 창조적 지식은 여지없이 나를 성장시킨다

창조적 지식과 함께 낮은 곳의 찌꺼기들이 달라붙는다

창조적 지식은 나의 길인데

그 창조적 지식으로 나의 길을 만들고 쭉 가면 되는데

찌꺼기들이 나를 속이는데 나는 어쩔 때는 속는 것을 택한다

그러면, 나는 낭떠러지로 떨어진다

그래서 살아가는 데는 속이는 것으로부터 보호해 주는 의로운 영
혼의 에너지가 필요하다

의로운 영혼의 에너지는 내가 창조적 지식을 선택하고 나의 길을
가게 만들어 준다

창조적 지식은

내가 조용하고, 깨끗하고 청정하게 살 때 얻어지는 내부로부터 오
는 뽀그리다

영어로 silence and clean clear of bubble of creation of knowledge이다

의로운 영혼의 에너지는 의로운 영혼의 행동
이웃과 함께하고, 도와주고, 참사랑 하며 사는 것이다
그러면, 나는 우주법으로부터 의로운 영혼의 에너지를 받게 된다

창조적 지식은 길을 만들고 문제를 해결하는 것일 것이고
의로운 영혼의 에너지는 길 위를 가는데, 쭉 그 길로 가게 하는 에너지이다

"속지 말아야 한다"
항상 나를 속인다
그 속이는 것은 나의 길을 가는데 나를 속여서
길을 벗어나 샛길로 빠지게 한다
나는 길을 갈 때 항상 순간순간 결정을 해야 한다
그 결정의 도움은 바로 창조적 지식이다
그런데, 창조적 지식은 내 안이
조용하고, 깨끗하고 청정하는 가운데 뽀그리를 느끼고 들을 수 있다

내가 이 세상에 살 때

어느 순간에 나는 내면이

시끄럽고 더러워질 때가 있다

그러면 나는 찌꺼기가 깊이 있는 뽀그리를 덮어 버린다

그러면, 나는

순간적으로 잘못된 길로 빠질 수가 있다

"속지 말아야 한다"

길을 가면서 길가에 있는 누가 나를 속이고 꼬이고 유혹한다

유혹에 빠지지 말아야 한다

길을 가다 보면 재미가 없는 길을 갈 때가 있다

그럴 때!

속이고, 유혹한다

어떻게 살아야 속지 않고 살까?

조용하고, 깨끗하고, 청정하게 살아서 뽀그리 창조적 지식으로
순간순간 방향을 잡아서 가야 끝까지 안전하게 갈 수가 있다

살고 있는데

위대한 것은

속지 않고 나로 잘 살아서 끝까지 가서 도착을 해야 하는 것이다

속지 마라는

이기려 하지 마라

인정받으려 하지 마라

잘난 체도 하지 마라

그냥 누구도 알지 못하게 소박하게 살아라

차라리 누구도 알지 못할 정도로 숨어서 가는 길도 있다

그러면 누구도 나를 속일 수 없다

다 이기고, 많이 가지고 그런 길을 좋아하지만

나는 나의 길을 조용히 깨끗하게 그리고 청정하게

살아서, 나의 길을 속지 않고 끝까지 가는 것이다

사는 길은 속지 않고

순간순간 창조적 지식으로 결정해서

나를 성장을 시켜야 한다

내가 성장하면 길 위에서 만나는 자에게 나의 성장을

나누고, 나도 더 성장한 자의 도움을 받는다

내가 도우면 의로운 영혼의 에너지가 늘고

내가 도움을 받으면 나는 창조적 지식이 는다

속지 않으면

나의 길에서 만나서 도움을 주고받으며 끝까지 간다

그 길은 수수하고 재미있는 길을 가게 된다

일단 속지 않으면

적어도 길을 벗어나지는 않는다

길을 갈 때 매우 중요한 사항은

길을 벗어나지 않고 늦게 가는 정상적으로 가든 그 길을 가면 된다

속지 않고 그 길을 가면 된다

그런데! 속지 않게 가는 것은

타인으로부터 속인

나의 내면의 찌꺼기의 속임이 있다

속지 마라, 그리고 오직 창조적 지식으로 길을 끝까지 가라

그 길에서

또한 속지 않고 가기를 바라는 자를 도와주고

나도 도움을 받고 가야 한다

혼자서 가기는 그 길이 너무 많은 속임이 있다

"속지 말아야 한다"

조용하게 깨끗하게 청정하게 살아서 창조적 지식으로

속지 말고 가면 그만이다

주인 역할 잘못하면
손님으로도 잘 못 산다

음양에 조화에서 주인은

음은 안쪽에서 주인이고 바깥쪽에서 손님이다

양은 바깥쪽에서 주인이고 안쪽에서 손님이다

양이 바깥쪽에서 주인으로 잘못해서 양이 안쪽에서 손님 대접을 못 받는다, 손님으로 잘 못 산다

음이 안쪽에서 주인으로 잘못해서 음이 바깥에서 손님 대접을 못 받는다, 손님으로 잘 못 산다

우주법은 주인으로 있는 자를 심판한다고 했다

우주법은 주인으로 사는 것을 잘못하고, 손님으로 잘 살게 놓아두지 않는다

우주법은 주인으로 잘 살면, 당연히 손님으로 큰 대접을 받게 한다

아내로 주인으로 안쪽에서 손님인 남편을 못 대접하면, 아내가 손

님인 바깥에서 혹시 대접을 받는다면, 그것은 사악한 방법의 대접을
받는 것이다

　안쪽에서 음이 안쪽에 있는 시어머니를 대접을 못 하면, 바깥쪽
어디에서도 손님으로 대접을 못 받는다

　바깥쪽 주인인 남편이 아내에게 충성을 다하고, 가족에 필요한 에
너지를 얻으면, 남편은 안에서 손님으로 대접을 받는다
　만약 밖에서 사악한 행위를 하고 우연히 가족의 에너지를 모았다
해도, 그런 자는 우주법에서 알고, 안쪽에서 손님 대접을 받게 못
한다

　주인으로 사는 때는 힘들고
　손님으로 사는 때는 덜 힘들다

　그래서 이 세상에 사는 방법으로는 주인으로는 온통 힘들게 살고,
손님으로 큰 대접을 받으면서 살아야 한다

　의로운 주인
　의로운 손님은
　삶의 리듬이 있다

주인으로 열심히 일해서, 힘이 들어서 쉬고 싶을 때, 손님으로 다른 쪽에서 주인 역할을 하는 주인에게서 큰 대접을 받는다

또 손님으로 대접을 받고, 다시 주인으로 돌아가서 열심히 일을 한다,

이때
음양의 조화에서 손님과 주인의 관계는
음은 안쪽에서 주인으로 손님인 양을 대접한다
양은 바깥쪽에서 주인으로 손님인 음을 잘 지킨다
음은 대접하고
양은 잘 지키는 것이다

지키는 것은 지키는 그런 것도 있고, 또 바깥에서 음을 위한 음을 살리기 위한 에너지를 얻는 것도 있다

음이 양을 잘 대접하는 것은
음을 잘 지켜 주는 양에게 기쁨과 재미를 주는 것이다
음은 기쁨과 재미
양은 음에게 안정, 안전을 지키는 역할을 한다

양은 음보다 강한 몸을 가지고 있는 이유다
음은 양보다 약한 몸을 가지고 있는 이유다

이 세상에서 음과 양이 만나서 손님과 주인으로 살면서
특히 주인으로 열심히 살면, 손님 입장에서는 주인에게서 큰 대접
을 받는다
이것이 사는 재미다

이 세상에 사는 자들은 이런 음양의 조화의 손님과 주인의 역할을
무시하거나 잘 모른다

그래서, 손님과 주인, 주인과 손님의 리듬을 타지를 못해서
이 세상을 힘들게 살고 있다
주인과 손님으로 리듬을 타지 못하면
사는 게 재미가 없다
주인이 주인으로 사는 섯이 불만으로 가득 치 있다
왜!
나만 하고 저 사람은 안 해 하고 불만을 말한다
이 세상은 절대로 나만 하고 살지 않는다
우주는 그렇게 단순하지 않는다
나만 한다고 불만을 가지면 우주는 슬퍼한다

세상에 절대로 그렇게 살 수가 없기 때문이다

주인인 자리에서 주인이 그런 생각을 가지면
우주법은 화를 낸다
그런 것은 우주법이 다 알아서 하는데
정작 주인으로 그 자리에서 주인으로 함께한 자를 대접을 못 하고
화를 내버리면 우주는 슬프다

우주는 그 주인에게 줄 수 있는 것이 사악한 영혼의 에너지이다, 그
러면, 주인은 이미 자신의 공간에서 손님을 잘 대접할 수 없게 된다

주인이 사악한 주인이니, 손님은 주인으로부터 즐겁고 재미있는
손님의 대우를 받지 못한다
사악한 주인이 할 수 있는 것은
"복수, 파괴다"
손님은 피로하다 주인에게 손님으로 찾아왔는데
주인이 손님 대접을 못 한다

손님이 피로에 누적이 되어서, 그 손님이 주인의 자리로 가서도
주인으로 일을 잘할 수가 없게 된다

주인과 손님이 함께
피해를 입게 된다
그래서,

안쪽 주인은 바깥쪽 주인의 안전한 안쪽 지킴을 받지 못한다, 결국 바깥쪽 주인은 안쪽에서 손님 대접을 못 받으니, 바깥쪽에서 쉬는 곳을 찾는다

안쪽 주인은 아직까지 자신을 지켜 주는 바깥쪽 주인의 역할을 무지해서 알지를 못한다
끝내는 바깥쪽 양이 떠난다
음은 다시 혼자가 된다
음은 자신이 양을 단 한 번도 대접을 못 했다는 것을 알지 못한다, 이는 무지의 극치다
우주법은 그 주인을 떠난다
더 이상 우주법을 지킬 줄 모르는 주인을 우주는 슬퍼하며
떠난다

주인은 손님으로 아량으로 모실 수 있어야 한다
그러면, 우주법은 주인이 힘들게 일한 것에 보상을 해서 의로운 영혼의 에너지를 준다

그 이유는, 음이 양의 보호를 받고 조용하고, 깨끗하고, 청정하게
살 수 있는 것에 우주법은 의로운 에너지를 주는 것이기 때문이다

주인자리는 영광스러운 자리이다
손님 자리는 즐거움을 재미를 느끼는 자리이다

이 세상을 살면서 즐겁고 재미있어야 한다
내가 주인으로 타인을 즐겁고 재미나게 만들 수 있어야 한다
누군가는 해야 누군가는 즐긴다
그래서 우주는
해야 하는 주인을 잘하면 의로운 영혼의 에너지를 주는 것이다,
손님은 우주가 역할을 하지 않아도 주인의 역할에 따라서 살 수 있
기 때문이다

지금 사는 곳에서는
주인으로 사는 것을 망각하고 살고 있다
주인이 없는 곳이 많다

주인 없는 가족
"1/n로 부담해서 가족 행사를 치른다"
주인이 없다, 모두 손님이다

그곳에는 우주법이 없다

그러니!

그곳에는 의로운 영혼의 에너지가 없다

당연히 주인이 없으니, 재미도 즐거움도 완전히 없다

그러니, 절대로 누구도 감사할 줄 모른다

이곳에는

아마도!

주인이 없으니

명절때도 세상에 가게에서 제사 음식을 사다가 제사를 지낸다, 모두가 손님이니 가능할 일이다

우주법은 매우 슬퍼한다

모두가 손님이니 그곳에서는 그 조상 제사상 차리는데도

힘들다고 아우성이다

그곳에는 주인이 없다

그러니, 그곳에는 의로운 영혼의 에너지도 없다

그곳에는 즐거움도 재미도 없다

그런데 알게 되었다

그렇게 주인이 없는 곳에 다시는 가기 싫었다

주인이 없는 음식은 진짜로 정성이 zero 0였다

가족이 모이는 날이 가장 역겨운 날이다

세상을 사는데 하기 싫어서, 게을러서, 무지해서, 주인 역할을 안
하는 것일까?

그런데요!
우주법은 절대로 주인 역할을 못 하는 자에게는 의로운 영혼의 에
너지를 안 준다
주인 역할을 잘해서 받는 의로운 영혼의 에너지는 조상의 에너지
도 받고 우주법의 의로운 영혼의 에너지를 받는다

그 명백한 주인 자리를 못 지키면
조상 에너지
우주법 에너지 모두 못 받는다

그러면!
그 가족에는 의로운 영혼의 에너지가 고갈이 된다
의로운 영혼의 에너지가 완전히 고갈이 되면
그 집안은 슬픈 일이 일어나고 슬프게 된다

"주인 역할 잘못하면 손님으로도 잘 못 산다"
주인 역할을 못 하면,
밖에서 하는 손님 자리에서 하는 일이 안 된다

우리는 아주 쉽게 밖에 손님으로 일하는 게 바빠서
안쪽에서 주인으로 일을 등한시한다

안쪽에서 주인으로 살아 주지 않으면, 주인이 없는 안쪽은 황폐해
진다
주인으로 아무것도 하지 못해서
보이지 않는 에너지 의로운 영혼의 에너지가 0 꽝이다
그러면서 손님으로 밖에서 일하려 하는데, 우주법은 그 일을 막
는다
주인 자리가 시끄럽고 더럽기 때문이다, 우주가 가장 싫어하는 것
이기도 하다

우리는 우주가 싫어하는 방식으로 살고 있다
우리는 많은 가정들이 가정이 황폐화되었다
그렇게 무지하게 살아서
조상신이 준비한 의로운 영혼의 에너지를 누구도 받질 못하고 말
았다

그게 얼마나 무서운지 모른다
주인이 주인 역할을 못 하면
그 가정은 의로운 영혼의 에너지를 얻을 길이 없다
그러면, 어찌 될까?

조상과도
내면의 의로운 영혼과도
이 세상에 살아서 단 한 번도 교신을 하지 못하고
이 세상을 떠난다

그것이 무서운 것이다
주인으로 살아야 만이 우주법이 측정을 하고 잘하면 의로
영혼의 에너지를 얻게 된다

의로운 영혼의 에너지를 못 얻으면,
그 가족은 의로운 영혼의 에너지가 오는 것과 멀게 된다
이 세상을 힘들게 살게 된다
힘들어도 되는 게 없는 가족이 되어 버린다
어떻게 살아야 할까?
"주인 역할 잘못하면 손님으로도 잘 못 산다"
주인으로 손님을 성대히 대접하며 살아야 한다

주인으로 사는 것만이 의로운 영혼의 에너지를 얻는다는 것을 알
고 살아야 한다

그렇게 민감한 자식 잘되길 바라는 자는
주인으로 손님을 성대하게 대접을 할 수 있어야 한다
그래야 의로운 영혼의 에너지가 쌓여서 자식이 잘 성장할
수 있게 된다

주인들이여
손님을 성대히 대접하세요
그래야 살 수 있습니다

이 말은 우주법이 간절하게 알려 드리는 겁니다
주인으로 사는 법을 배우셔야 합니다
못 배우면
이 세상에서 주인으로 살 수 없습니다
그러면, 우주법의 도움을 받을 수가 없게 됩니다

다시 말하면
주인으로 살아서 손님을 성대하게 대하세요
그러면 의로운 영혼의 에너지를 얻을 수 있습니다

노랫소리 웃음소리

내면이 조용하고 깨끗하며 청정하면
나도 모르게 흥흥거린다
내면이 노래를 부르고 있다

내면이 조용하고, 깨끗하고 청정하면
혼자서는 노래가 나오고
함께하면 웃음소리가 나온다

노래하고
웃고
사는 것이
진짜로 사는 것이다

이상하게
모두는 바깥에 시끄러움을 싫어한다
그리고
내면은 찌꺼기로 가득하며

그래서 내면의 소리를 들으려 하지 않는다

이상하게

찌꺼기로 사는 자들은

시끄럽다고 한다

혼자서 무엇을 하는지!

함께하면 웃고 즐겁게 조금은 밝은 것이 맞는 것

같은데

현실세상에서는

함께하면 어두워지고

웃지도 못한다

함께 노래도 하고 웃기도 하는데

이 쉬운 것조차 잊어버렸다

도대체 무엇을 위해서 사는 것일까?

모이면 이야기꽃이 피고, 웃고, 노래하고

밝은 곳으로 변해야 하는데

이상하게

함께하고, 밝게 이야기꽃을 피우고

웃고 노래하는 것이

이상하고

혼자서 어두운 방에서

과거의 찌꺼기인 핸드폰, 인터넷 하고

차가운 화면에서 나오는 일방향 그것에 속아서

그것만 보고 있다

모두가

찌꺼기 속에 살고 있다

외부는 차가운 핸드폰 화면

안쪽은 과거의 불완전 연소의 찌꺼기들이다

만나면 차가운 핸드폰 화면에 숨고

혼자 있으면

함께 만나서 따스한 정 나누는 것이 그립고

어찌할까!

만나면 사람들과 함께 이야기꽃을 피울 줄 모르고

혼자 있으면 외롭고

이 세상 어찌 살까?

아니!

함께하면

나오는 소리는 찌꺼기 소리이고

듣는 나도 찌꺼기로 가득해서

재미도 감동도 없다

다 쓰레기이니 몰입이 안 된다

일단 다 용서하고 사랑해서

모두의 찌꺼기를 태우고 물로 씻어 내야 비로소

말하는 자도 내면의 뽀그리 창조적 지식으로 이야기하고

듣는 자도

모두 찌꺼기를 태우고 물로 씻어서 내면이 조용하고, 깨끗해서 청
정해서 이야기하는 뽀그리를 이야기꽃을 피우며 웃고 노래하고 밝
게 함께 지낼 수 있다

창조주

우주법은

모두

뽀그리 창조적 지식∞로

의로운 영혼의 에너지를 ∞

해서 살기를 바라고 있다

그리고 그렇게 사는 것이 의로운 영혼의 세상이다

뽀그리 창조적 지식 ∞는

이야기꽃을 피우고

노래하고

웃고

밝게 사는 것이다

의로운 영혼의 에너지∞는

바로 용서하고 참사랑 하는 것이다

함께 우리로 정으로 끈끈하게 살게 하는 것이다

"뽀그리 창조적 지식∞로

의로운 영혼의 에너지를 ∞"

혼자의 흥얼거림 노랫소리

함께 모두의 흥얼거림 노랫소리로 웃는 소리

모두가 용서하고 사랑해서 정이 있어서 재미있게 사는 소리

우주법은 우리를 이렇게 살기를 바란다

창조주는 우리가 이 세상을 이렇게 살다가 돌아오라고 했다

우리는 지금

혼자서 살며 외로움에 찌들어 살고 있다

고작

재미는 차가운 화면에서 움직이는 그것에 의존해서

자기는 절대로

배우가, 성우가 될 수 없는

차가운 화면의 배우, 성우의 종으로 살고 있다

너무너무 슬픈 일이다

이 세상에 나무도 동물도 아니면서

사람이면서

나무처럼 동물처럼 그렇게 살려고 한다

얼마나

의로운 영혼의 세상에서 이 세상에 오기 위해서 애태웠을까?

이 세상에서

태어나서

나를 사람 만드는 데 들어간 비용이 얼마인데

고작

차가운 화면에 의존해 살고

내가 배우가 되고, 내가 성우가 되어서

함께 노래하고, 이야기꽃 피우고, 밝게 못 살고

혼자서만 외롭게 살려 하는가!

사람들아
밥을 먹을 때는 차가운 조그마한 화면에 숨지 말고
그 분위기에 맞추며
이야기꽃을 피우고
웃고
노래하고
따스한 인간의 정으로 느끼고
실수하고 감안받고
그렇게 살면 안 될까

밥을 먹을 때고 차가운 일방향
의 노예로 살아야 할까?!

신기하게
아주 신기하게
슬프게
만나면 시끄럽다고 하고
혼자 있으면 외롭다고 한다

어찌할까!

이 세상을 살려면 말도 할 줄 알아야 한다

말은 뽀그리로 창조적 지식

을 말의 재료로

소곤소곤 아무런 에너지를 넣지 않고

그저 그렇게 이야기한다

가끔은 이야기하는 자로 가끔은 들어주는 자로

그렇게

이야기하면

된다

그것이 바로 이야기꽃이다

단순하고, 진짜로 나를 이야기하면 된다

그 이야기는

내가 진짜 내가 힘들면 힘들다고

외로우면 외롭다고 그러면

함께 슬퍼하고 함께 힘든 문제를 서로 함께하고 도와주고 사랑하
는 방식으로 해결할 수 있다

사실 사는 것 누구에게나 모두 힘든 일이다

그런데

함께 그 힘든 것을 서로 중첩해서 살아서 힘든지 모르고 사는 것
뿐이다
그래서 함께 사는 것이 우주법, 창조주의 창조적 지식에 있다

슬프지만
가족에서도
가족과 함께 이 세상을 사는 사람과
혼자서 사는 사람이 있다

가족과 함께 사는 사람이 순리대로 사는 사람이다
요행히 살 수는 있어도
함께 이야기꽃을 피우고
노래하고
밝게 살기는 힘들다

사는 것은
내가 좀 불편하고
내가 좀 못 한 것이 노출이 되어서 놀림감이 되어도
그러면 내가 함께하는 자들에게 웃음을 주고
나는 함께하는 자로부터
용서, 사랑 정을 느끼면 살 수 있다

내가 나를 바꿀 수 없다 그렇게
나는 이해받고 살아가는 것이다

아무리 끝까지 차가운 손바닥만 한 것에 의지해서
함께할 때
따스한 온정을 못 느끼고 사는 자
그것을 우주는 슬프게 본다

그렇게 숨어서 사는 자는
절대로 숨어서 사는 자가
이웃을 위해서
웃음과
노래로
밝게 함께
재미있게 신나게 살 수가 없다

사는 것은
함께 노래하고 이야기하고 사는 것이다
아!
함께 살면!
약점은 모두 용서받고 그 자체로 살게 된다

함께 살면
나는 사랑을 받으면 살게 된다

혼자 차가운 화면에 살면 그곳에는
따스한 정도
용서도
사랑도
아무것도 없다
함께 웃고 울고 살아야 진짜 사는 것이다
함께하는 가족에서는
시끄럽다고 하지 말자
함께하는 가족 속에서는
혼자서
차가운 손바닥만 한 것에 숨지 말자

함께 가족은
이야기꽃을 피우고
노래하고
웃고 그렇게
살아야
함께

내면이 조용하고, 깨끗하고, 청정해진다

다 처음부터 내면이
조용하고 깨끗하고, 청정해지지 않는다
함께 모여서 살면
그중에 반드시
내면이 조용하고, 깨끗하고 청정한 분이 있다
그 사람 따라서 살면 된다

그래서 나이가 든 사람
어린 사람 모두 함께 모여서 살면
그곳에 성장하는 곳이다

혼자서
손바닥 만한 화면에서
오직 손님으로 살면
절대로 주인 한 번 못 되면
얼마나 슬픈 일인가!

노래하고 웃고 살아야
내면이 조용하고 깨끗하고, 청정하게

의롭게 살고 있는 것이다

노래하고 웃고 살면
어느 순간에
창조적 지식이 ∞
의로운 영혼의 에너지가 ∞가 되어 있다
함께 모두 도우며 의로운 영혼들이 성장하게 만들어 준다

노래하고 웃고 살면
그것이 내면이 조용하고, 깨끗하고, 청정하게 살고 있는 것이다

이 세상 편안하게 살려고 온 것 아니고
용서하고 사랑하기 위해서 왔다

나는 누구인가?

나는 혹시 여러 번 의로운 영혼의 세상에 못 들어가고 계속 여러 번 이곳에 오고 있는 내가 아닐까?

나는 누구인가?

나는 혹시 의로운 영혼의 세상에서 새로 창조되어서, 여러 번 이 세상에 오는 자를 의로운 영혼의 세상으로 데리고 갈 임무를 받고 이 세상에 온 내가 아닐까?

이 세상에 온 나는 의롭게 살아서 의로운 영혼의 세상에서 나에게 주어진 임무를 이 세상에서 완성하며 살면, 나는 단번에 의로운 영혼의 세상에 들어가겠지

그런데 내가 만약

경쟁적으로 이 세상에 있는 {mind; 욕심+body; 몸}의 행동에 속아서 많이 가지려 하고, 또 편안하게만 살려 하면, 나는 이 세상을 여러 번 오고 또 오고 그렇게 살다 가게 된다.

이 세상에 왜 왔는지?

이 세상에 무엇을 하러 왔는지?

모두 잊어버리고 그저 많이 가지고, 편안하게 살기만을 위해서 살면 그것은 이 세상 180º 세상에서만 살게 되는 것이다, 저세상 의로운 영혼의 세상에서 살지 못하게 되는 것이다

이 힘든 세상에 다시 오게 되는 것이다

그리고 또 잊어버린다

내가 여러 번 이 세상에 왔다면, 이 세상 오기 전에 나는 꼭 그곳에 가서 completion(완성)해서 의로운 영혼의 세상으로 돌아간다

그렇게 각오하고 왔는데

이번에 창조되어서, 여러 번 이 세상을 왔다 갔다 한 영혼을 구제하러 왔는데, 나의 임무는 그것인데, 그런 내기 역시 이 세상 사람들이 하는 데로, 많이 가지고, 편안하게 살아 버린다

그러면

나 역시 의로운 영혼의 세상에 못 간다

내가 여러 번 이 세상에 왔거나

내가 처음 이 세상에 왔거나

내가

누구인가를 알게 되면

나는

당장 의로운 영혼의 세상으로 가는 길을 책할 것이고

온 힘을 다해서 그 길을 찾고 그 길을 갈 것이다

그 길은 먼저

내가 의롭게 살아야 한다

그 첫 번째 관문은

내 안에 있는 찌꺼기를 모두 청소를 해야 한다

내 안이

Silence and clean clear of bubble of creation of

knowledge

조용하고, 깨끗하고 청정해서 그곳에서 창조적 지식을 얻어야 한다

그 밑천으로 나는

"It shares time with other, help other, but also doing

real love other"

이웃과 함께하고 이웃을 도와주고, 참사랑 하며 살아야 한다

그래서,

나는 먼저

창조적 지식을 1/∞에서 ∞로 성장을 시켜야 한다

의로운 영혼의 에너지를 1/∞에서 ∞로 성장시켜야 한다

그러면 나는

의롭게 살기 시작한다

나는 누구인가를 알게 되어서 나는 의롭게 살기 시작한다

그런데

나는 이 세상에 창조되어서 왔을까?

여러 번 왔다 갔다 했을까?

나는 어떻게 의로운 영혼의 미션을 완성할까?

나는 어떻게 구제가 될까?

매우 중요하다

내가 창조된 나면 나는 이 세상에 몇 번 왔다 갔다 한 자를 구하는

역할을 할 것이며

내가 이 세상을 여러 번 왔다 갔다 한 자라면, 나는 구함을 받는

역할을 할 것이다

그렇다면

나는 누구가와 살아야 한다

누군가와 어떻게 살까?

는 이 세상에서 의로운 영혼의 세상으로 돌아갈 수 있는가 없는가
를 결정하는 중요한 일이 된다

어떻게 살아야 할까?

이 세상에서 사는 것

이 세상에서 만나는 것

이 둘은

모두

둘이서 함께 같이

창조적 지식을 $1/\infty$에서 ∞로

의로운 영혼의 에너지를 $1/\infty$에서 ∞로 완성을 해야 한다

어떻게 이 둘이서 이 일을 완성할까?

둘이서 서로 성장을 시키고 함께 성장해서 의로운 영혼의 세상으
로 가는 조건을 만들어야 한다

이는 매우 절박한 일이다

이 세상에서 의로운 영혼의 세상으로 돌아가려는 누구든 절박한
일이다

어떻게 둘이서 이 일을 할 수 있을까?
그래서 우주는 의로운 영혼의 창조자는
음과 양으로 이 세상에 의로운 영혼을 보냈다
음은 양을 구하고
양은 음을 구한다

다시 말해서
음은 양을 만나서 함께
창조적 지식∞
의로운 영혼의 에너지로 ∞을 만든다

다시 말해서
양은 음을 만나서 함께
창조적 지식∞
의로운 영혼의 에너지∞를 만든다

이것이 의로운 영혼의 인생길이다

의로운 영혼의 세상의 macro concept world voyage이다

편안하게 사는 것, 많이 가지는 것
이것은 {mind; 욕심 + body; 몸}이 원하는 방식이다

이 허망한 길을 가다가, 의로운 영혼으로 사는 방법을 잊고, mind level, 사악한 영혼으로 살다가 의로운 영혼의 세상으로 못 들어간다

그러면, 의로운 영혼이 무사히 돌아오길 기다리는 의로운 영혼의 창조주는 슬프게 된다

의로운 영혼의 창조주는 매우 슬퍼서 그 아까운 창조된 의로운 영혼을 구하기 위해서, 새로운 의로운 영혼을 창조해서 이 세상에 보낸다

내가 이렇게 소중하다
내가 누구인지 알게 되면
내가 더 소중하다는 것을 알게 된다

그리고, 나를 중심으로 위대한 창조적 지식, 의로운 영혼의 에너지가 흐르고 있다는 것을 알게 되면 나는 전율을 느끼게 된다

이 세상을 어떻게 살아서 나는 어떻게 의로운 영혼의 세상으로 돌아갈까?

나는 의롭게 살아야 한다

나의 내면이 조용하고, 깨끗하고, 청정해야 한다

나는 창조적 지식을 얻어야 하고

의로운 영혼의 에너지를 얻어야 한다

어떻게

나는 이 세상을 여러 번 왔다 갔다 한 슬픈 영혼을 구해야 한다

나는 이 세상을 여러 번 왔다 갔다 한 슬픈 영혼인데, 이번에 처음 온 의로운 영혼에 의해서 구제가 되어야 한다

나는 어떻게 살아야 할까?

음양의 조화

음 = 양

음 − 양 = 0

음이 주인인 식

양 − 음 = 0

양이 주인인 식

여기서 0은 우주법이다

우주법은

바로

Silence and clean clear이다

조용하고, 깨끗하고, 청정한 것이 우주법이다

음 – 양 = 0

양 – 음 = 0

이식이 음양의 조화이다

이 식대로 사는 것이 유일한 방법이다

창조적 지식∞

의로운 영혼의 에너지∞

음– 양 = 0

음이 주인이고 양이 손님인 식이다

이식이 말하고 있는 것은

주인인 음은 손님인 양을 대접하는 것이고

손님은 즐겁고 신나고 재미난 느낌으로 사는 것이다

이때 매우 중요한 것은

우주법은 오직 주인의 내면과 행동을 판단해서 의로운 영혼의 에
너지를 주고 안 주고 한다
주인만이 의로운 영혼의 에너지를 얻는다는 것이다
매우 중요하다

왜!
새로운 의로운 영혼은 여러 번 왔다 갔다 한 영혼을 구해야 하고
여러 번 온 영혼은 구제를 받아야 한다
그 조건
의로운 영혼의 에너지∞인 것이다
편안하고 쉬운 일이 아니다
이 순간
주인을 담당하는 음은 내가 왜!
하며 나 혼자만!
하며 거부하면

그 순간 그 선택은 바로 old knowledge이다
Old knowledge는 참이 아니다, 거짓이다
거짓을 따른 것이다

이 세상 사람들이 만들어 놓은 마치 참처럼 들리지만 우주법에는

거짓이다

이 세상에 사는 것은
편안하고, 많이 가지는 것이 아니다
내가 해야 할 역할을 하는 것이다

그래서
주인은 주인으로 손님을 성대히 대접을 하는 것이다
이것이 참이다

그러면 이식
양 − 음 = 0
양이 주인이다
음이 손님이다

양은 음을 지켜 주는 호위 무사, 바깥을 경계하는 경계병이다
그래서 음은 안전하게 이 세상에서 살게 된다
이것은 매우 중요하다

양이 바깥에서 지킴으로써 음이 안쪽에서 음의 역할을 할 수 있다

음양의 조화에서

음의 주인 역할은 손님인 양을 극진히 잘 대접하는 일이다

양의 주인 역할은 손님인 음을 완전하게 지켜서 강력한 힘으로 안
을 지켜 주는 것이다

그러면

물리적으로 약한 음은 이 세상에서 살 수 있고

물리적 힘이 간한 양은 음의 대접을 받으면 재미나고 신나게 이
세상을 살 수 있다

음양의 조화에서

음과 양은

음은 양을 대접하고

양은 음을 보호하며

신나고 재미있게 살 수 있다

음은 조용하고, 깨끗하고, 청정해서

창조적 지식을 얻고

그 지식으로, 음은 의로운 영혼을 알게 되고

음은 양과 함께 의로운 영혼의 세상으로 돌아가는 길을 알게 된다

그래서 음은

양과 함께하고, 양을 도와주면, 참사랑 하며 살게 된다

이 행동에는

음이 주인일 경우

우주법은 의로운 영혼 음에게 ∞의 의로운 영혼의 에너지를 준다

양은 바깥은 튼튼히 지켜 준다

양은 공간이고, 양은 구조체이다

음은 의로운 영혼이고 의로운 영혼은 양이 만들어 준 공간에서 양을 데리고 의로운 영혼의 세상으로 운전해 간다

이 세상은

{이 세상 편안하게 살려고 온 것 아니고 용서하고 사랑하기 위해서 왔다}

이 메시지는 분명하다

그래야 의롭게 살기가 시작하기 때문이다

이 세상에서 살려면 과거의 찌꺼기를 모두 용서와 사랑으로 씻어 내야 한다

그리고 의롭게 살아서

의로운 영혼의 세상으로 안전하고 무탈하게 확실히 돌아가야 한다

전생 용서 사랑,
현생 용서 사랑 찌꺼기 없앤다

현생에서 살아 보니까
원인이 결과를 낳는다
단 1초라도 원인 단 1초 다음에 나타난다

지금 나는 60쯤 되었다
점점 원인과 결과가 빨라진다

내가 찌꺼기를 남기면 나는 그 찌꺼기의 복수와 파괴를 바로 받는다
우주가 판단하고 심판하는 주기가 빨라진다
우주는 의롭게 살고 있으면 의로운 영혼의 에너지를
사악하게 살고 있으면 사악한 에너지를 준다

조금 무거운 이야기로, 가정해서 하면
내가 이 세상에 태어난 것은
전생에서 어떻게 살았는가? 결과이다
그 전생에 산 결과에 맞는 곳에서 태어난다
만약 전생에 내가

과거에 타다 남은 찌꺼기가 없었다면

나는

이렇게 살았을 것이다

조용하고, 깨끗하고, 청정한 내면으로 살았을 것이다

그리고 그곳에서 bubble of creation of knowledge

창조적 지식을 느끼고 알게 되었다

그 결과 의로운 영혼의 세상이 있다는 것을 알게 되었을 것이다

그래서 나는

의롭게 전생을 살았을 것이다

그랬다면 나는 이 세상에 다시 오지 않았을 것이다

전생에서 나는 의로운 영혼의 세상에 들어가는 조건을 완성했을

것이다

그 조건은

창조적 지식∞

의로운 영혼의 에너지∞이다

불행하게도 나는 전생에 그것을 몰랐다

그래서 나는 완성을 하지를 못했다

미완성한 나는

창조적 지식, 의로운 영혼의 에너지가 1/∞이어서
감히
의로운 영혼의 세상에 모두가
창조적 지식∞
의로운 영혼의 에너지∞에 접근할 수 있겠는가?

나는
사악한 영혼의 세상에서 이곳에 왔다
나는 전생에 완성을 못 해서
다시 이곳에 왔다

나는
솔직히 잘 모른다
얼마나 많이 이곳을 왔다 갔는지를 모른다
나는 또다시 이곳에 왔다

다행이 나는 의로운 영혼의 세상이 있는지를 알게 되었다
그리고 나는
어떻게 의로운 영혼으로 살 수 있는지를 알게 되었다
그것은 바로

내면에 찌꺼기를 없애야 한다

그래서 내면은

조용하고, 깨끗하고 청정해야 그 시작이라는 것을

알게 되었다

그래야

나는 비로소, 진짜 창조적 지식을 느끼고 알게 된다

그래야

창조적 지식이

의롭게 사는 법을 알려 주었다

이웃과 함께하고, 이웃을 도와주고, 참사랑 하며 사는 것이다

이웃을 만나서

이웃을 도와주면 나는 우주가 나에게 의로운 영혼의 에너지를 준다

혹 내가 도와주면 나는 의로운 영혼의 에너지를 받고, 혹시 내가

도움을 받으면, 가르침을 받으면 나는 창조적 지식을 얻는다

이 세상에서 만나는 자는

나의 의로운 영혼이 의로운 길을 가는 것이고

그 길에서 함께 의로운 영혼의 세상으로 가는 길에서 만나서 주고

받고 하는 것이다

내가 의로워서 이웃을 의롭게 하고

내가 부족하여 이웃의 도움을 받아서 성장하고

그래서 나는 이웃과 함께 의로운 영혼의 세상으로 간다

그러나 나는

전생에서 소매치기로 살아서

이웃도 없었고

나는 그저 하루하루 배고픔을 달래기 위해서만 살았다

그래서 나는 지금 이렇게 살고 있다

나의 지금은

{전생의 찌꺼기 + 현생의 찌꺼기} = 지금의 나이다

나는 전생의 나의 찌꺼기

현생의 찌꺼기를 모두 청소를 해야 한다

그래서 지금 사는 나는 바쁘다

전생의 찌꺼기도 용서하고 사랑해서 깨끗하게 해야 하고

현생의 찌꺼기도 용서하고 사랑해서 깨끗이 해야 한다

이것은 절대적이다

이 세상에 사는 것은 바로 이 일을 하기 위함이다

용서하고 사랑하는 일이다

이 일만 하면

그래서 내면이 조용하고, 깨끗하고, 청정해지면

그다음은 창조적 지식 의로운 영혼의 에너지 등

우주법, 창조주의 도움으로

의롭게 의로운 영혼의 물결에 흘러서 의로운 영혼의 세상으로 들
어갈 수 있다

용서 사랑

의롭게 살아서

함께하고 도와주고 참사랑 하며 산다

그러면, 이 중에 용서와 사랑이 있다

이 세상에 사는 시간은 매우 소중하다

단 1초도 헛되게 써서는 안 된다

단 1초를 헛되게 쓰면 정해진 시간 안에 그곳에 도달할 수가 없게
된다

그러면 큰 문제가 생긴다

그곳에서 나를 기다리는

나를 도와주고 의로운 영혼의 에너지를 얻을 수 없게 하고, 나를 기다리는 창조적 지식을 얻고자 하는 자에게 도움을 주지 못해서 이웃을 힘들게 할 수 있다

그래서!

이 세상에 사는 나는

단 1초라도 나를 의로운 영혼의 길에서 늦어지면 안 된다

우주법

창조주는 아주 세밀하신 분이다

나를 단 한 치라도 실 수하면 바로 의로운 영혼으로 돌아가는 길이 잘못될 수 있어서 의로운 영혼의 무탈하고 안전하게 의로운 영혼의 세상으로 오게 그렇게 창조하셨다

이 세상에 사는 나는

너무 절실하다

나는 이번 생에서 의로운 영혼의 세상으로 돌아가야 한다

그래서 나는

반드시

전생의 찌꺼기

현생의 찌꺼기를
용서와 사람을 통해서 깨끗이 씻어 내고
나는 의롭게 살아야 한다

절박하다
용사와 사랑을 통해서 나는
조용하고, 깨끗하고, 청정하게 살아야 한다
그래서
창조적 지식을 알게 되고
의로운 영혼의 에너지를 얻게 된다

이 세상에 산다고 하는 것은
바로

창조적 지식∞
의로운 영혼의 에너지∞
그리고 의로운 영혼의 길을 가는 것이다

이것이 진짜 내가 사는 것이다
그래야 나는 완성 completion하기 때문이다
그렇게 살 수 없고 살지 못하면

Incompletion 미완성이 되기 때문이다

그러면 나는

다시 이 세상에 어느 부모에게서 태어나서

그 힘든 길을 다시 시작해야 하기 때문이다

부모는 이렇게 느낀다

나를 성장시키는 시키고 완성 completion하는 것에

부모가 있다

내가 완성해야 부모는 나에게 미안해하지 않는다

만약 내가 미완성 incompletion하면

부모가 나에게 미안함을 느낀다

그러나!

진짜는 부모는 나를 돕는 자이다

이 세상에 강한 찌꺼기를 가지는 자는

이렇게 해석한다

내가 지금 미완성 incompletion하는 것은 부모 잘못 만난 것이,

너무 슬픈 자의 해석이다

부모를 만나게 된 것도 전생의 그 슬픈 자이고
지금 incompletion한 것도 슬픈 자의 해석이다

내가 진짜로 completion 완성을 하려면은
지금부터 시작해서, 혹시 지금 incompletion 미완성이라고 다
음 세상에서 좋은 환경의 부모를 만나게
의롭게 살기 시작해야 한다
그 시작이 용서하고 사랑하는 것을 시작하는 것이다

그러면
다음 생에는 의로운 부모와 주변의 의로운 영혼들의 도움으로 함
께 의로운 영혼의 흐름에 살아서 completion 완성을 해서 의로운
영혼의 세상으로 돌아갈 것이다

그 시작은 바로 용서와 사랑이다

전생과 현생의 연결 고리, 용서와 감사

내가 다시 현생에 와야 하는 이유?

내가 전생에 살 때 하지 못한 것을 하기 위해서 왔다

그것은 바로 용서와 사랑이다

이 용서와 사랑은

나에게 필요한 것은

나의 내면이 조용하고, 깨끗하고, 청정한 것이고

이웃에게 필요한 것은

나의 용서와 사람으로, 창조주가 알게 되어서

그 용서받은 자는 용서를 받아서 그 고통으로부터 해방되어서 재미있게 살 수 있게 되었다

용서는 주고받는 욕심의 세상의 거래와 다르다

용서와 사랑은

용서를 해줄 것이 내 안에 찌꺼기로 남아 있다면

나는 조용하고, 깨끗하고, 청정히 살 수가 없게 된다

    용서 그리고 사랑

이 세상 모든 것은 용서하고 사랑의 대상이다

내가 용서하고 사랑하면 살면 나는 나를 조용하고 깨끗하고 청정하게 만들고, 이웃이 다시 용서로부터 해방이 되어서 우주법에서 용서받은 자는 의로운 영혼의 에너지를 받게 된다
이는 곧 의로운 영혼의 삶이다

의로운 영혼의 삶에
{이웃과 함께하고, 도와주고, 참사랑 하고} + {용서와 사랑} = 의로운 영혼의 삶이다

나는 나를 용서하고 싶다
나는 전생에 소매치기였다, 그래서 난 전생의 영향을 받았다, 나는 매우 슬픈 나를 용서해 주고 싶다 그래서 우주 심판으로부터 용서를 받고 싶다

내가 초등학교에 다닐 때 엄마와 물건을 사는데, 나는 50원짜리 캔디를 훔쳤다, 나는 이 사건이 나에게 얼마나 큰 영향을 끼치고 있는지 나는 이제 용서받고 싶다
나는 엄마에게 용서를 받고 싶다
나는 창조주에게 용서를 받고 싶다

나는 우주법에서 용서를 받고 싶다

사는 도중에 나는 수많은 용서를 받을 일을 저질렀다
나는 매우 슬픈 일이다, 나는 500원짜리 동전으로 자판기에서 물
건을 샀는데, 여기서 난 용서를 빌 일을 했다
하나님 알고 계시죠
저는 슬픈 일을 했으니 슬픈 저를 용서해 주세요

전생에서 현생으로 오는 이유는 매우 많다
전생에서 바로 의로운 영혼의 세상으로 돌아가 버렸으면 나는 이
곳에 오지 않을 것인데 나는 의로운 영혼의 세상에 못 들어갔다

나는 다시 이 힘든 육신의 삶을 살고 있다
나는 이상하게 왕따를 당하면서 컸다
약했다
그러니 동갑내기들이 마음에서 학교에서 나를 공격했다
나는 초등학교 1학년을 두 번이나 다녔다
그래서 나는
내면이 용서를 해 줄 찌꺼기들이 있다
나는 지금 혹시 다 용서해 준다

그래야

나의 내면이 조용하고, 깨끗하고, 청정해질 수 있기 때문이다

선언 선포한다

내가 내면에 찌꺼기로 남아 있는 것을 모두 용서한다

마을에서 따돌림을 모두 용서한다

그리고 나의 약함으로 쉽게 공격을 당한 것에 대해서 모두 용서한다

용서받고 또 용서한다

그렇게 왕따를 당할 때 나와 잘 놀아 준

친구들에게 감사하고 또 용서한다

우주는 정확히 알고 있다

우주법은 정확하다

그러니!

혹시 찌꺼기에 있는 과거 모두를 나는 용서한다

이 책을 읽으신 분들도 용서하면 그 찌꺼기들이 깨끗해집니다

성장하는 과정에는

다 있는 일입니다

마치 작물이 성장하는 도중 병해충에 공격을 당하듯
작물 주인이 작물을 구해 줍니다

나를 구해 준 친구들
엄마
선생님
좋은 직장 선배님들
모두 감사합니다

성장과정
성장이 멈추고 추수 과정
모두가 지금 나의 해석입니다

내가 그 힘든 시절에 나를 지금 내가 어떻게 해석하는가가 지금
나의 내면이 조용하고, 깨끗하고 청정해서
과거의 찌꺼기를 충분히 용서할 수 있는가?
에 있다

그럼에도 우주법은 매우 정확하다
과거의 불완전 연소를 시킨 자들은 우주는 정확히 심판한다
그러니까, 이미 과거는 나에게 찌꺼기일 뿐 아무것도 아니다

만약에 내가 용서를 못 하면 나는 사악한 영혼의 복수 파괴의 아
바타가 돼 버린다

빨리 과거의 찌꺼기를 털어 내야 한다
그것이 찌꺼기 청소이다

전생에서 현생에 오는 이유가 바로 내면에 찌꺼기 청소이기도 하다

내면이 조용하고 깨끗하고 청정하면
꽃은 꽃이 나에게 주려고 하는 것을 받을 수 있다
그것도 완전 연소로, 찌꺼기가 생기지 않는다

그러나!
내면이 찌꺼기로 차 있으면 찌꺼기로 꽃이 해석이 된다
그래서
꽃 기름 향수
꽃 씨앗 기름 돈으로
연결이 된다

그러면 꽃은 사라지고, 꽃의 찌꺼기만 남는다
이 세상에 있는 것은 그 찌꺼기가 남는다

내면에 찌꺼기는

참을 참으로 볼 수 없게 만든다

내면에 찌꺼기는

더 깊이에 있는 창조적 지식으로

그 지식을 들을 수 없게 한다

그러면 아주 위험하다

또!

이곳에서 완전히 찌꺼기를 없애지 못하고

이 세상에 또 와야 한다

그러면, 결국

이승 저승 이승 저승으로 빙빙 돌고 있는 것이 되고 만다

그렇지 않게 하기 위해서는

용서와 사랑 그리고 용서와 사랑하는 것뿐이다

변화 그리고 용서와 사랑

변화

용서와 사랑

감사

변화는 원인과 결과

그 변화는 초, 분, 시간, 하루, 일주일, 한 달, 1년,

그렇게 쭉 있다

변화는

알지 못한 것을 알게 된 것도 변화이다

변화는 성장일 수 있다

혹시 변화는 힘들지만 꼭 거쳐 가야 하는 것일 수 있나

변화는

바뀌는 것이다

사실 바뀌어지는 것은 두려운 일이다

변화 후가 어떤지를 알기 어렵기 때문일 수 있고

지금까지 해 온 일과는 다르기 때문일 수 있다

다시 시작하는 것일 수도 있다
다시 배워야 하는 것일 수도 있다

변화는 도전이다
변화 그리고 용서와 사랑은 무슨 관계가 있을까?

용서를 해 주어서 변화가 발생할 수 있을까?
그런데 용서를 해 주었는데 용서받은 자가 어떻게 될지 몰라서 잘
되라고 사랑을 해 주면 그래서 변화가 성장으로 바뀌면, 그래서 당
연히 진짜가 가는 길로 들어서서 진짜로 가기 시작하도록 도와주면
용서, 사랑, 도움을 받은 자는 변화를 느끼게 된다

사는 길에서 나는 용서와 사랑으로 필요하는 일을 많이 저질렀다,
무지일 수도 있고 알면서 저지를 수도 있다
그러면 나의 성장은 할 수 없게 된다
나의 성장을 위해서는 나를 용서해 줄 자가 나를 용서해 주어야
한다
그래야 나는 변화를 하게 된다

변화는

원인의 일은 결과로 변화로 가야 하는데

막혀서 가질 못했는데

우주는

창조주는

원인에서 발생한 것이 용서와 사랑을 받을 일이 되면

우주와 창조주는 변화를 할 수 있도록 한다

그래서

원인은 절대로 사악하게 하면 안되고

무던하게 의롭게 원인을 해 나가면

나의 변화를 위해서

내가 잘못된 행동을 한 것을

용서와 사랑을 통해서

나의 변화를 허락한다

변화는

실제로 허락을 받는다 할지라도 힘든 일이다

과정에서 있는 것들과 헤어지거나

같은 공간에서 일정하게 있는 것들이

변화를 한다

그러니!

변화하는 나는 힘들다

기존에 익숙한 일을 그만할 수 없게 되고

새로운 일을 하게 되면

새로운 일, 사람 장소 모두가 새로운 곳이 된다

이것이 변화이다

변화는

당연히 가야 할 길로 가야 한다

그 길에서 변화가 그 변화를 감당할 수 있다

그러니 과정은 매우 중요하다

과정의 힘은 변화를 질서의 변화로 만든다

과정의 힘을 못 만들고

그래서 변화의 결과가 할 길이 아니면 그 변화는

과정 속에서 나의 에너지가 미치지 못했을 수 있다

내가 과정 속에서 에너지를 충분히 쌓았다면

나는 당연히 가야 할 길을 갈 것이다

변화

성장의 변화도 힘들다

그래서 성장의 변화를 감당할 수 있는 에너지를 과정 속에서 꾸준

히 쌓아야 한다

산다는 것은 계속 변화다
변화는 나도 변하고
주변도 변화한다

내가 변할 때 나도 변하지만
주변도 변해서
나도 힘들고
주변도 힘들다
나는 새로운 상황에 변화 익숙하지 않은 것에 힘들고
주변은 내가 변화를 시켜서 내가 성장하는 변화인지
퇴보하는 변화인지 주변은 나로 인해서 힘들게 된다

변화는 여기서도 용서와 사랑이 필요해진다
내가 변할 때
내가 혹시 주변에게 힘들게 할 때 나는
주변의 용서와 사랑이 필요해진다
주변의 용서와 사랑으로 나는 다시 원인으로 변화를 한다

산다는 것은

원인에서 변화로 결과로, 변화로 원인으로 변화로 결과로
이것이 사는 것이다

내가 변할 때
주변이 나를 용서와 사랑을 해 주지 않고
나를 복수하고 파괴를 하면 나는 변화 과정에서 무척 힘들어한다

그래서 변화는
두려움일 수도 있다

그렇다고 변화를 하지 않을 수도 없다
변화는 해야 한다
그 변화는 혼자 한다
그 성장은 혼자 한다
그 원인과 결과의 순간도 혼자 한다

원인 변화 결과 원인 변화 결과 그리고 쭉 그러면 언젠가는 완성
completion이 된다
그러면 된 것이다
이것은 바로
멀리 흘러서 내려가는 것이다

　용서 그리고 사랑

흐르는 물을 타면 나는 완성할 수 있다

흐르는 물을 못 타면 완성이 안 된다

흐르는 물을 타도 두렵다
나는 어디로 가는지 알 수 없기 때문이다
변화가 두려운 것이다

그래서
흐름을 왜곡하고
변화를 거부하며
그러면!

그것은 쓸데없는 에너지 낭비가 되는 것이다
왜냐하면
그 후에 또다시 흐르기 때문이다

변화
속도, 각, 장소, 만남, 일이 달라지는 것들이다
변화는 반드시 일어나는 것이 순리이다
변화는 거슬릴 수 없다

변화가 되면 변화된 그곳에서 다시 시작을 할 수 있다

변화 용서 사랑

과정에서 모두 다 용서하고 사랑해 주면

그래서 무도가 변화를 하게 되면

나도 변화한다

그러면

모두는 성장으로 변화를 한다

과정은 무지에서 알게 되고

억지에서 순응으로 알게 된다

거기에는 용서와 사랑이 있다

왜냐하면

무지에서 자기가 안다고 타인을 힘들게 하는 일

아직 미성숙할 때 타인을 괴롭힌 일들이 있다

그 힘든 자

괴롭힘 당했던 자

의 용서와 사랑으로

무지와 미성숙에서 행한 잘못된 일에서 벗어나는 길은

용서와 사랑이다

그래서 이 세상에 살면서
모두가 무지, 미성숙 시기가 있었다
방법이 없다

용서와 사랑으로 화해를 해야 한다
서로 용서하고 용서받고 사는 것이다

그래야
나도 이웃도 변화를 한다
진짜 길에서 진짜로 살게 된다
이 일을 할 수 있게 되는 것은 오직
용서와 사랑이다

사는 것은 모두가 똑같다
완전히 똑같다
에너지도 같고
그래서
그 소중한 에너지를 어떻게 사용하는가는
내가 어떻게 살고 있는가이다

용서와 사랑은 쉬운 일이 아니다

그러나, 용서와 사랑을 하면

나의 내면에 있던 찌꺼기가 없어진다

내면이 조용하고, 깨끗하고 청정해진다

이 또한 방법이 없다

용서와 사랑하는 것뿐이다

그러면 변화도 수용할 수 있고

그러면 변화가 성장임을 알게 된다

용서와 사랑은 이 세상에서 내가 사는 이유다

용서와 사랑으로 내가 조용하고 깨끗하고, 청정한 그것을 만들어야 한다

그러면 나는 완성이 된다

완성 completion하면

나는, 다시는 이 세상에 오지 않아도 된다

나는 의로운 영혼의 세상에 끝까지 머무르게 된다

용서와 사랑은 찌꺼기를 없앤다

내면이 조용하고 깨끗하고, 청정해지면

그곳에서 나는 창조적 지식을 얻는다

그 창조적 지식으로 나는

이웃과 함께하고, 도와주고, 참사랑 하며 산다

그 결과 나는

Creation of knowledge∞

Righteous soul living energy∞

의 의로운 영혼에서 사는 조건을 완성 completion한다

나는 비로소 안전하고 무탈하게 의로운 영혼의 세상에 돌아간다

소인 1에서 0,
대인 9에서 0으로

이 세상에 사는데 여러 종류의 사는 자들이 있다

작은 사람 소인

큰 사람 대인

이 있다

또 분류하면

작은 사람 중에

의로운 영혼 소인

사악한 영혼 소인

이 있다

큰 사람 중에도

의로운 영혼 대인

사악한 영혼 대인

그런데

그래서

다른 자들이 사는 방식도 다 다르다

의로운 영혼의 소인은

자기를 먼저 안다

나는 큰일 할 자가 아니다

그저 내가 이 세상에 와서

가난하고 소소하게 살지만

내면이 조용하고, 깨끗하고 청정하여

가난한 이웃과 소소한 정을 나누면 산다

가난한 자들과 함께

서로 같이 하고, 도와주고, 참사랑 하며 산다

그래서

부족하면 서로 나누고, 적게 쓰고 하는 식으로 살아간다

의로운 영혼 소인은

1에서 2로 가지 않고 1에서 0으로 간다

소인이어서

많이 가질 수도 없다

그릇이 적은데 조금만 더 해도 넘친다

그래서 소인은

많이 가지면 가질수록 손해다

그래서, 더 많이 가지려고 1에서 2로 안 가고

작은 것에 만족하며

내면 깊이서 들리는 창조적 지식의 배움의 즐거움으로 사는 것이다

1에서 0으로

이렇게 사는 것은

Vertical time running일 수도 있다

= 깊이∞ × 너비 1/∞

깊이로 가는 것이 0으로 가는 것이다

가지지 않고 그저 이 세상에서 용서하고 사랑하며 살고

전생에 이루지 못한 완성 completion를 하면 된다

너비를 0으로 해서 다른 자들과 다툴 필요도 없이

깊이∞로 창조적 지식으로 사는 것이다

창조적 지식은 나를 의로운 영혼의 세상으로 데리고 가지 때문이다

창조적 지식은 속지 않게 한다

창조적 지식은 의로운 영혼의 길에 가는 데 이탈하지 않도록 해준다

그러나!

사악한 영혼 소인은

자신이 소인인지 모른다

의로운 영혼 소인은 자기가 누구인지를 알고
1에서 0으로 가지만

사악한 영혼 소인은 자기가 누구인지 모르고
자기 그릇이 얼마인지 몰라
그 무서운
사악한 영혼이 많은 사악한 영혼 대인들이 가는 길을 선택한다
사악한 영혼 소인은
1에서 23456789로 가려고 한다

소인은 소인이다 힘이 떨어진다
그래서 창조주는 소인들이 소인의 역할 혹은
힘이 드니 바로 1에서 0으로 오게끔 계획했다

창조주는 그래서 소인들에게 대인에게 혹시 다칠 것을
미연에 막으려 했다

그러나!
사악한 영혼 소인은

자신이 누구인지 어떻게 살아야 하는지를 모르기에

1에서 23456789의 길에 들어선다

그 길은 모두가 쟁쟁한 대인들이다

그 대인 중에는 사악한 대인

그 대인 중에는 의로운 대인이 있다

대인들이 사는 곳은 대인끼리 대인 것을 유지하기 위한

경쟁이 이루어진 곳이다

소인이 아주 뛰어나다고 해도 살아날 수가 없는 곳이다

사악한 영혼 소인은 모두

멋도 모르고 대인들의 길을 가다가

모두 실패하게 된다

그들이 가는 곳은 사악한 영혼의 세상이다

소인들이 대인의 길에서 낙오되며

들려오는 고통의 소리들이 요란하다

대인의 길은

1에서 23456789 그리고 0이다

의로운 영혼의 대인은 1234567890으로 9에서 0으로 넘어가는

    용서 그리고 사랑

자가 대인이다

사악한 영혼의 대인은 123456789까지만 가고 0으로 넘어갈 수
가 없다
의로운 영혼의 대인은
123456789까지 사악한 영혼들의 대인 123456789까지 함께
산다
그래서 사악한 영혼의 대인들과 힘들게 이 세상을 의롭게 하기 위
해서 살아간다
우주법, 창조주 입장에서 보면
의로운 영혼 대인은 우주의 군인이다

의로운 영혼 대인은
강하게 성장하며, 그 시간 공간에서 주인 역할을 한다

사악한 영혼 대인은
강하게 성장하며, 그 시간 공간에서 손님 역할을 한다

의로운 영혼 대인은 손님을 잘 대접해서 손님들이 불편하지 않게
잘 관리한다

사악한 영혼 대인은 의로운 영혼 대인의 주인에게 환대를 받아서,
이 세상에서 살면서 재미를 느낀다
그래도 사는 맛을 느끼는 것이다
의로운 영혼 대인은 삶은 사악한 영혼과 마주치는 삶이다
그 의로운 영혼 대인이 있으면
사악한 영혼 대인들이 살맛이 나고

그 시간, 공간에 의로운 영혼 대인이 없으면
사악한 영혼의 대인의 사는 맛은 없다

대인은 123456789까지 더 많이 가지고 더 편안하게 살려고 산다
그러나 그중에서도 의롭게 사는 대인은
1234567890으로 그 결과는
의로운 영혼의 행동
함께하고, 도와주고, 참사랑 하며 산다
그래서!
우주가 원하는 삶을 살아서
대인으로 우주에게서 의로운 영혼의 에너지를 받는다
그리고
대인인 의로운 영혼은
조용하고, 깨끗하고 청정한 가운데 있는

   용서 그리고 사랑

창조적 지식을 얻어서
123456789 그리고 0으로 돌아간다
이는 의로운 영혼의 세상으로 돌아가는 것이다

이렇게 이 세상에서 사는 방법이 다 다르다
이 세상에서 어떻게 살 것인가를 알기 위해서는
내가 누구인가를 알아야 한다

용서와 사랑으로
내면의 찌꺼기를 모두 깨끗이 치우면
내면은 조용해지고, 깨끗해지고, 청정해진다
그곳에 창조적 지식이 있다
그 조용하고 깨끗한 곳에 있는 창조적 지식이
알려 준다

창조적 지식이 가르쳐 준 대로 살면
내가 누구인지
내가 대인인지
소인인지를 알게 된다

내가 소인이면 나는

1에서 0으로

내가 대인이면 9에서 0으로

이 세상에서 역할을 하고 의로운 영혼의 세상으로 돌아간다

의로운 영혼의 소인 1에서 0으로

의로운 영혼의 대인 9에서 0으로

아 모든 삶의 시작은

용서와 사랑이다

용서와 사랑으로 내면의 찌꺼기를 깨끗하게 한다

그러면,

내면은 조용하고 깨끗하고, 청정하게 된다

그곳에 창조적 지식이 있다

그 창조적 지식이 내가 어떻게 의롭게 살아야 하는지를

알려 준다

그렇게 살면 이 세상을 마치고 바로 의로운 영혼의 세상으로 돌아

간다

용서해 주는 자가 의롭게
살 수 있도록 기도

하나님 아버지

우리 아내와 함께 그분을 용서합니다

우리 아내도

우리 아내와 함께 공간에 있던 그도 의롭게 살기를 기도합니다

하나님

우리 아내와 함께했던 그분

우리 아내를 힘들게 한 그분이 잘되도록 하나님 그분을

도와주세요

아직은 어렸고

세상 물정을 몰라서, 우리 아내를 고발했던 그분을 용서합니다

세상에서 좀더 깊고 사려 깊게 살면 이 세상에서 사는 것은 신중

해집니다

그래서 경솔한 행동을 안 합니다

그러나!

지금 사는 자들은
어릴 때부터 머리를 쓰는 게임을 하고
몸을 쓰면서 이웃과 함께 재미있게 살 수 있는 것을
못 배웠으니!

그런 자는 경솔하게 자기편인 상사를 고발한다

자기편 팀장을 고발한다
그는 지금 자기편 상사를 고발한 것이 잘했다고
관공서를 행해서 민사 소송을 했고
그래서!
승소를 하고
또 더 사악하게 자기만 유리한 조각을 가지고 또 권익위에 민원을
제출해서 또 많은 사람들을 힘들게 하고 있다

우리 아내
군청 직원
경찰서 직원까지
힘들게 하고 있다

모두들 선하게 이 세상에 살고 있는 자들에게

자신이 잘했다고 소송을 하고 있다

자기가 하는 생각이 옳아서
자기가 하는 일이 옳지 않아서
그래서 자기 팀장을 고발했다

우리 아내는 무척이나 힘들어했다
세상에 직장에서 그렇게 험한 꼴을 당했으니
얼마나 힘이 들까?
나는 너무 마음이 아프다

그러면서도
군청 직원, 경찰관 집사람 모두가 무탈하길 기도한다
우리 아내와 같이 팀원으로 만나서
얼마나 힘들었을까?
우리 아내에게 물어보년 안 되었을까?
그 일이 그렇게 힘들었으면 상사에게서 도움을 받으면
안 되었을까?

얼마나 힘들었으면 자기 상사를 고발까지 할까?
그러면 얼마나 아픈지를 알면서 그럴까?

불쌍하다

우리 아내도 불쌍하다

그 사람도 불쌍하다

서로 용서해서 사랑해서 모두 무탈하면 좋겠다

아무리 업무가 힘들어도

아무리 성격이 까칠해도 그게 사는 것인데

그리고 우리 아내는 여자인데

그 사람은 아내가 얼마나 힘들어서 고발을 했을까?

그 사람이 불쌍해진다

누가 이 세상에 그렇게 살까?

누가 이 세상에 그렇게 고발을 당할까?

지금 나는

마음이 너무 아프다

그 사람이 잘되길 바랐는데

그 사람이 새로 출발하려고 본 시험이 힘들었나 보다

이번에는 낙방했다

꼭 다음에는 합격하기를 기원한다

잘 살았으면 좋겠다

아내도

그 사람도 혹시

내면이 조용하고, 깨끗하고 청정한 기분을 느끼면 좋겠다

그러면!

둘 다 이 세상을 용서하고 사랑할 수 있게 된다

실패 힘들다 이유가 있다

어제는
내가 일하는 곳에서 혹시 승진이 있을까!
해본 날이다
역시나 승진이 안 되었다

지금 나는 또 이곳에서 이 자리에서 그대로 똑같이 있다
승진이 되어서 힘든 나의 가족들에게 힘이 되어 주고 싶었다

그러나 나에게 그것은 아니었다
그런데 나는 신기하게
조용함을 느낀다
차분해짐을 느낀다

나는 이제 정년을 위한 여정이 시작된다
나는 사실 일 년 중 1달이 지나가고 있다
11달에 향하고 있다
"실패 힘들다 이유가 있다"

실패는 힘들다
그러나 우주법에서는 다 이유가 있을 것이다
내가 실패해서 차라리 내면이 편안한 것을 보면 좋다

이제 진짜로
정년을 향한 여정이 시작되었다

신기하다
오늘은 숙직이다
내일은 숙직으로 하루 쉰다

아마도 승진이 아니라는 것이 이미 내정이 되었나 보다

하나님 감사합니다
진짜 감사합니다
혹시 초라해 보일지라도
나는 진짜 홀가분합니다

이제 나는 더 이상 올라갈 필요도
더 이상 잃은 것도 없는 나입니다
나는 나를 용서하고 사랑합니다

승진을 못 했다면
내가 승진의 기준에 미달이 되었고

승진을 안 했다면
나는 나의 에너지를 아끼고 더 소중한 곳에 나의
에너지가 쓰일 것이니까?

나의 에너지가 우리 사랑하는 아들을 위해서
쓰인다면 나는 너무 감사한 일이 된다
우리 아들
우리 아내
우리 딸
그리고 내가
안전, 안정 그리고 무탈하게 나의 말년을 보낼 수 있는
중요한 요건이 우리 아들이 하고 싶은 것을 하며 사는 것이다

하나님
우리 아들이 공부했고, 그래서 준비하고 있는
체육선생님이 되어서 의롭고 행복하게 살 수 있도록
도와주세요
이 모든 말씀을 우리 주 예수 그리스도 이름으로 기도를 드립니다

    용서 그리고 사랑

아멘

우리 아내 사랑한다
우리 딸 사랑한다
우리 아들 사랑한다

"실패 힘들다 이유가 있다"
나는 흘러서 끝에까지 간다
그러면 된 것이다
이 순간 아무것도 없다
나는 다 이루었다
되었다

하나님
이 순간 나는
다 용서하고 사랑합니나
용서합니다

내가 이곳에 오는 이유는
용서를 못 해서 남아 있는 찌꺼기를 깨끗이 청소하기 위함입니다

다 용서하고

다 사랑하고

승진을 하지 못한 것을 용서하고 사랑한다

나는 느낌이 편안하다

왜일까!

나는 좋다 지금

도대체

나에게는 무엇이 기다리고 있을까!

일터가

내년에 이맘때에 완전이 무탈하게 깨끗이 벗어난다

그러면 난

된 것이다

그다음 일이 기대가 된다

나는 평생 하고 싶은 것이

강의하는 일인데

나는 유튜브에서 강의를 원없이 해보고 싶다

강의 제목 Righteous soul이다

나는 TV 방송국 1인 기업을 만들어서 재미있게

놀고 싶다
방송국 이름은
Righteous soul TV로 한다
1인 기업으로 해서 방송국을 세운다

나는 연구하고
나는 책을 읽고
나는 책을 쓰고
나는 방송을 한다

이 일을 할 때는
나의 내면에는
Silence and clean clear가 된다
그래서 나는
Creation of knowledge를 무한대로 얻는다

나는 기다려진다
그리고 떨린다

천만다행이다
이 시간에 희망으로 내면이 채워진다

이것은 바로 의로운 영혼이 가득 차 있다

감사하고 감사할 일이다
감사하고 감사할 일이다

실패 힘들다 이유가 있다
지금의 실패의 이유는
앞으로 감사할 일이 아직 남아 있다

후반기 인생길에서 나는 감사하고
재미난 일들이 기다리고 있다
무엇인가 신나고 재미있는 일이 있다

그것이 내기 지금
"실패하고 힘들다 이유가 있다"
내가 지금 실패한 이유는
바로
재미난 일들이 줄줄이 기다리고 있기 때문이다

음양의 조화 그리고 안전 안정

이 세상을 어떻게 안전, 안정하게 살다 갈 것 인가?

음과 양이 만나서 잘 살고 가야 한다

음양의 조화는

음과 양이 만나서 사는 방법이다

음이 따로 살면 살 수 있다

양이 따로 살면 살 수 있다

그런데 이 세상에 살려면은 음양이 만나서 산다

음 = 양

은 동등하다

맞다

그래서 혼자서도 살 수 있다

그러나 혼자서 살면!

둘이서 사는 것보다 안전, 안정하지 못하다
안정은 불안정에서 온 것인데 음 혼자, 양 혼자 살면
불안정하다
그래서, 음과 양이 만나서 안정을 찾는다

안전은
음 따로 양 따로 살면 불안하다
그래서 음과 양이 만나서 안전해진다

안정에는 양이 도움을 받고
안전에는 음이 도움을 받는다

안정에는 음이 안에서 자리를 잡아 주면 양은 밖에서 음을 지켜
준다
그러면 양은 안정을 느낀다

안전에는 양이 바깥에서 든든하게 지켜준다, 그래서 음은 안쪽에
서 안전함을 느낀다
음과 양이 만나서 안정, 안전을 이루며 산다
안정은 무게 중심을 잡아 준다 그래서 안정이 된다
무게 중심에는 항상 음이 자리 잡는다

안전은 밖을 지켜주고, 그래서 안쪽이라는 공간이 생긴다
안쪽에서 음은 안전한 공간에서 살아간다

음양의 조화에서는 음이 주인이다
양은 손님이다

그러나, 다시 말하면
음은 안쪽의 중심, 양이 만들어준 공간의 주인이다
양은 안쪽에서 중심을 잡아 주어서 바깥쪽에서 안쪽을 균형을 잡
아서 지킨다

그러니!
음양의 조화는 음과 양이 함께 안정, 안전하게 살 수 있게 하는 창
조주가 만들어준 이 세상에서 사는 유일한 길이다
그 길로 가서 의로운 영혼의 세상으로 가는 것이다
음도 양도 의로운 영혼의 세상에 들어가려먼은
창조적 지식을 ∞
의로운 영혼의 에너지를 ∞가 되어야 한다

음과 양이 서로 도와서
이 세상에서 반드시 쌓아야 할 것을 쌓는 것이다

음양의 조화 그리고 안정, 안정에서 신나고 재미를 느낀다
그런데
음양의 조화를 모르면
음과 양이 만나서
안정과 안전을 이룰 수가 없다

음양의 조화로
음은 양을 안정화에 도움을 주고
양은 음에게 안전을 지켜준다
이것이 음양의 조화이다

음과 양이 안정을 누리면서
함께,
창조적 지식을 ∞
의로운 영혼의 에너지를 ∞로 만들어 간다

음과 양이 안전을 누리면서
또한
창조적 지식을 ∞
의로운 영혼의 에너지를 ∞로 만든다

음양의 조화 안정, 안전이 이 세상에서 재미있고
결실을 거두고
그 결실인 자식, 가족들과 함께 음양의 조화가
재미있게 살 수 있다

그런데 여기서 중요한 것은
음양의 조화, 안정, 안전은
음은 양을 위해서 무게 중심을 잡고 안정화시켜야 한다
음이 양을 안정화시키는 것은 곧 음도 안정하게 사는 것이다, 음
이 안쪽에서 의롭게 살아 주어서 사악한 영혼을 안쪽에 발이 붙이지
못하도록 안쪽을 튼실히 지켜야 한다

양은 음을 바깥쪽에서 잘 지켜야 한다
이 말은 양이 안쪽의 공간을 만들어 주는 것이다
그래서 음이 양이 만들어 준 공간에서 양을 안정화시키는 것이다

그러면
음은 안전을 느끼고 양은 안정을 느낀다
그것이 음양의 조화이다

결국 음양의 조화 그리고 주인과 손님으로 설명해도

비슷하지만

안쪽이 음이 주인이고
바깥쪽이 양이 주인이다

주인은 손님을 극진히 대접해야 한다
이것이 우주법에서 주인에게 정해진 일이다
그래서 주인이 손님을 극진하게 대접하면 우주는 주인에게 의로
운 영혼의 에너지를 준다
왜냐하면
주인으로 하기가 힘든 일이기 때문이다

그러나 우주는 왜 주인에게 극진히 손님을 대접하라고 했을까?
의로운 영혼의 세상에서 느끼는 것은 신나고 재미가 있는 것이다,
그런데 이때
주인이 극진한 대접이 바로 신나고 재미나게 하기 때문이다

이것은 동양 철학이다

그러나 지금 현대 생활에서는 음과 양의 경계가 무너졌다
이것은 현실이다

　용서 그리고 사랑

이것은

Macro concept world이다

이곳에는

욕심으로 사는 남들보다 많이 가지려는 자

사악한 영혼 자기만 편하고 타인은 힘들게 하는 자

그리고 의로운 영혼

함께하고 도와주고 참사랑 하며 사는 자

이곳 macro concept world에서는 음양의 조화가 잊혀

버렸다

그러나!

Micro concept world 의로운 영혼의 세상에서는 음양의 조화

가 지켜지고 있다

그 이유는 이 세상에서 음과 양이 함께 성장을 해야 하기

때문이다

음양의 조화에서는

둘이 함께하고, 도와주고 참사랑 하며 사는 것이기 때문에

음은 안쪽에서 극진한 대접을 하는 것을 신나고 재미로 하고, 양

은 바깥쪽에서 음은 지키며 신나고 재미나게 한다

이 세상에 사는 것

음과 양이 만나서 사는 것

무엇을 위해서 만나서 살까?

그것은 바로

음 따로, 양 따로 살면 몸을 편할지라도, 영혼은 성장을

할 수 없다

그래서!

늙어가도 성장을 하지 못한다

사는 게 안전, 안정하지 못하기 때문이다

음양의 조화를 통해서 안전, 안정을 찾고 살면

둘이서 함께

의로운 영혼의 세상에 들어간 조건인

창조적 지식을 ∞

의로운 영혼의 에너지를 ∞을 쌓을 수 잇게 된다

창조적 지식 ∞

의로운 영혼의 에너지∞는

음과 양이 함께 신나고 즐겁고 재미나게 이 세상에서

살고 이 세상이 끝나면 바로 둘이서 함께 의로운 영혼의 세상으로
안전하고 안정되게 돌아간다

문제를 푸는 재미있는 나

이 세상에서 사는 순간순간이 문제를 풀고 있다
문제를 푸는 것이 재미있는 나는 다행이다

문제는 풀기 어렵다
문제를 풀기 위해서 할 수 있는 것 다 해야 한다
그래도 문제는 풀리지 않는다

이 세상에서 문제는
항상 있다
내면의 문제
외면의 문제

내면의 문제는 찌꺼기들이 문제를 일으킨다
내면의 문제를 해결하는 것이
이 세상 사는 데 재미있게 사는가 힘들게 사는가이다

외면의 문제는

보이는 문제이다

현상의 문제이다

외면의 문제는 함께 풀 수도 있다

내면의 문제는 혼자서 해결해야 한다

내면의 문제

외면의 문제

내면의 문제는 micro concept world 문제

외면의 문제는 macro concept world 문제

이 세상에 여행하는 동안에는 문제는 계속 있다

이 문제를 풀지 못하면

그 시험 감독은 우주법이다

냉철하다

문제를 풀지 못하면 다음 단계로 갈 수가 없다

문제를 풀지 못하고

다음 단계로 못 가면 다음 단계의 기쁨을 느낄 수 없다

문제는

내면의 문제

외면의 문제

내면의 문제는 보이지 않는다

외면의 문제는 보인다

문제는 계속 있다

내면의 문제는

찌꺼기를 없애는 문제이다

우주법이 내는 문제는 우주의 질서를 잡는 것이다

우주의 질서는

Silence and clean clear이다

조용하고, 깨끗하고 청정함이다

외부의 문제는

이 세상에 사는 데 필요한 문제이다

이 세상에 사는 문제는 몸을 유지하는 문제이다

몸이 있으니

먹고

마시고

입고

자고
하는 문제이다

몸의 문제는
욕심의 문제와 연결이 되고
욕심의 문제는
사악한 영혼과 연결이 된다

욕심은 남보다 더 많이 가지는 것이고
사악한 영혼은 편안하게 사는 것이다
그래서
몸의 문제는
욕심과 사악한 영혼이 그들의 것을 충복하기 위해서
나를 힘들게 한다

몸의 문제는
지키는 문제이다
몸의 문제는
나의 욕심
나의 사악함에 타인을 힘들게 하는 것이다

이 세상에 사는 데 문제는
내면 문제
외면 문제
따로 있는 것이 아니다
섞여 있다

내면과 외면의 문제를 푸는 것이
이 세상에서 살아남는 것이다

내면의 문제를 푸는 것은 의로운 영혼이 의로운 영혼의 세상의 문
제를 해결하는 것이다

외면의 문제를 푸는 것은 몸을 유지하는 문제를 해결하는 것이다

내면의 문제 = 의로운 영혼의 문제
외면의 문제 = 몸의 문제

외면의 문제는
함께 해서 문제를 푸는 경우가 많다

내면의 문제는 절대적으로 혼자서 푸는 문제이다

내면의 문제는
내면이 과거에 연결이 되어서 타다 남은 찌꺼기여서
그 찌꺼기가 내면을 오염시키고 더럽게 한다
그래서
이 내면에서는 시끄럽고 더러워서
내면의 문제를 스스로 해결을 못 한다

원래 내면의 문제는 스스로 해결하게 되어 있다

내면의 문제가 없는 의로운 영혼은
그 내면이
조용하고, 깨끗하고, 청정하다
그러니, 내면에서 느끼는 문제는
모든 내면에서 들리는, 느끼는 창조적 지식으로
스스로 문제를 해결한다

그래서
내면은
조용하고 깨끗하고 청정해서 창조적 지식을 느끼고
듣는다

사실 창조적 지식은
아주 미세해서

조용하고, 깨끗하고 청정한 곳에서 만들어지고 느낀다

그러니!
내면이 시끄럽고 더러운 곳에서는 들리지 않고 느껴지지 않는다

그러면
슬프게도 문제를 풀 수 있는 창조적 지식의 도움을 받을 수 없게
된다

내면의 문제는
조용하고 깨끗하고 청정하면 창조적 지식을 느끼고 들어서
문제를 해결한다

그러나!
내면이 시끄럽고 더러운 자는 창조적 지식을 느낄 수 없어서
문제를 해결하지 못 한다

이 세상을 살면서

어떤 자는

내면의 문제를 해결하고 살고

어떤 자는 내면의 문제를 해결하지 못하고 산다

내면의 문제가 해결이 되면

외면의 문제는 자동으로 해결이 된다

외면의 문제가

몸의 문제여서

먹고 마시고

입고

자는 문제이다

내면의 문제가 해결된 자는

외면의 문제를 해결이 된다는 것은

내면의 문제를 해결해서 그곳에는

Silence and clean clear의 공간이다

이는 바로 의로운 영혼이며

찌꺼기가 0이다

그래서 찌꺼기가 0이면
바로

의로운 영혼 = {욕심 = 0}이 되어서

나의 몸이 이웃을 침범하지 않는다
의로운 영혼은
이웃과 함께하고, 도와주고 참사랑 한다

그러니!
외부의 문제는 해결이 된다

그러나!
내부의 문제를 해결하지 못하는 자는
내면이 시끄럽고 더러워서
아주 조용하고 깨끗해야 들리는 창조적 지식을
들을 수 없어서
문제를 해결할 수 없다

그래서

외부 문제는

항상 많이 가지려고 하고

편안하게 살려고 만한다

이 세상에 사는 것은

도움을 주고받으며 사는 것이고

그래서 서로 부족함을 메꾸어 주고 사는데

그래야 성장하는데

내면의 문제를 못 푼 자는

그 평범한 창조적 지식을 잊어버렸다

오직 혼자 남들보다 많이 가지는 것

오직 혼자 편안하게 사는 것에만 있다

아무리 가진 것이 많아도

절대로 편안해지지 않는다

왜냐하면

혹시 외면의 문제가 풀렸다고 해도

내면의 문제는 풀지 못했기 때문이다

내면에는 시끄럽고 더러운 찌꺼기들이 둥둥 떠다닌다
내면에는 바로 똥통이다
더러운 시궁창이다

그러니!
외면의 문제를 해결한 것처럼 보이지만
내면의 문제는 해결이 되지 않아서

아무리 많이 가지고
해도 편안해지지 않는다

이 세상에 사는 것은
내면의 문제
외면의 문제

내면의 보이지 않는다고
외면의 문제만 해결하려고 하면
내면에는 찌꺼기로 가득 차서
쓰레기 처리장으로 변한다

내면의 문제를 해결해야 한다

내면의 문제는 용서와 사랑으로 해결할 수 있다

과거의 찌꺼기는 용서와 사랑으로만 해결한다

과거로 절대로 갈 수 없기 때문이다

그리고 용서와 사랑은 지금 할 수 있는 것이다

그래서 내면의 찌꺼기 어디에 있냐 하면

바로 나에게 있기에

용서와 사랑은

바로 나를 깨끗하게 청소하는 것이다

내면의 문제는

용서와 사랑으로 풀어내야 한다

그리고

그래서 창조적 지식을 느끼고 들어야 한다

그러면

내면의 문제가 풀린다

그러면 재미가 있다

문제를 푸는 재미가 있다

용서 사랑 = 내면 문제 해결 = 문제 푸는 재미

자기를 먼저 지키며 살아야 한다

자기를 지키며 살아야 한다

이 말은 자기라는 것은

{자기 + 시간 + 공간 = 역할} 이것이 자기다

자기는 시간에 공간에 맞게 잘 살아야 한다

그것이 자기를 지키는 것이다

자기라는 것은

{자기 + 시간 + 공간 = 역할} = 주인 역할이다

자기는 주인으로서 역할인데

자기를 지키며 사는 것은

{자기 + 시간 + 공간 = 역할} = 주인 역할의 자기를 지켜야 한다

살아야 한다 = 성장한다는 것이다

식물이 살아 있는 것은 잎사귀, 가지가 자란다

성장하는 것은 바로

식물이 성장하면 응달을 만들어 주어서 주변에 사는 것을 돕는다

그래서!

살아야 한다 = 성장한다는 것이다

성장한다는 것은

{{자기 + 시간 + 공간 = 역할} = 주인 역할이다}이 성장하는 것이다

식물이 성장해서 그늘을 만들어 주듯이

자기를 지켜서

{{자기 + 시간 + 공간 = 역할} = 주인 역할이다}이 성장해서 나의

성장으로 이웃의 그늘이 되어 주어야 한다는 말이다

그래야 내가 살 수 있다

왜냐하면

나 역시 이웃의 자기의 성장으로 그 그늘에서 시원하게 살 수 있

게 되기 때문이다

자기의 성상 = {{사기 + 시간 + 공긴 – 역할} = 주인 역할}이다

주인은 이웃에게 시원한 그늘을 만들어 주는 것이다

이웃의 주인이 나에게 시원한 그늘을 만들어 주는 것이다

이것이 미안하면서도 이웃의 주인으로부터 대접을 받는 것이다

이웃의 주인으로부터 대접을 받아서 나는 신나고, 재미나고 즐거운 시간을 보낸다

다시 정의하면
나는 {{자기 + 시간 + 공간 = 역할} = 주인 역할이다
내가 나를 지킨다는 것은 바로
내가 {{자기 + 시간 + 공간 = 역할} = 주인 역할을 잘한다는 말이 된다

이 세상을 산다는 것은
매우 중요한 사실은 내가 나를 지키는 것이다
그래야 내가 성장하기 때문이다
그런데,
자기가 자기를 지키지 못하면 성장이 멈춘다

내가 나를 지키지 못하면
{{자기 + 시간 + 공간 = 역할} = 주인 역할을 못 한다는 것이 된다

그러면!
무슨 일이 발생할까?
내가 나를 지키지 못함으로 나는

모든 식물이 하는 것

내가 성장하는 것의 결과물인 이웃에게 나의 그늘을 제공할 수가
없게 된다

그 말은 다시 말해서

{{자기 + 시간 + 공간 = 역할} = 주인 역할을 못 한다는 것이다

그런데!

"자기를 먼저 지키며 살아야 한다"

자기를 먼저 지키지 않고

아니, 자기를 지키는 것을 잊어버리고

이 세상을 헛사는 일이 많다

이 세상을 살더라도

{{자기 + 시간 + 공산 = 역할} = 주인 역힐을 잘힌디는 말이 된다}

= 자기를 먼저 지키고

그것을 세상을 살면 좋을 텐데

자기를 지키지도 못하고 세상을 산다

그러면

일정한 순간에 잘 산 것처럼 보이고 마치 인생 전체가 잘 살 것처럼 보인다

그러나!
무엇인가를 했는데
자기를 지키지 않고 해서
자기는 이미 망가져 버렸다, 내가 나를 안 지켰기에 당연히

{자기 + 시간 + 공간 = 역할} = 주인 역할을 잘한다는 말이 된다}
이 내가 나를 지키지 못해서
나는 완전히 와해되어 버렸다

무엇인가 한다고 열심히 했는데
자기를 지키지 않고 해서, 자기는 적에게 점령을 당했다
무엇인가 열심히 했는데 나는 주인 역할을 잊어버렸다

그래서!
이웃이 나의 그늘 속에서 시원하게 즐기고 노는 그런 여유의 성장을 못 하고
이웃이 모두 이상하게 되어 버린 내가 성장이 멈추고 적에게 무너져 버린 나로 인해서

혹시 내가 나를 잘 지켜서 이웃에게 그늘이 되어 주어서

이웃이 나로 인해서 즐겁게 살 수 있었다면

이웃이 이 세상에서 살기가 팍팍하지 않았을 텐데

내가 나를 지키지 못해서

내가 성장하지 못해서

나는 이웃에게 아무것도 해 주질 못했다

얼마나 슬픈 일인가?

그런데 그 슬픈 나는

변명하려 한다

나도 살려고 살았다고

아무리 항변을 해도

나는 나를 지키지 못했다

그래서 나는 이웃에게 시원한 그늘이 되어 주지 못했다

나는 이웃에게 재미와 즐거움을 주지 못했다

{{자기 + 시간 + 공간 = 역할} = 주인 역할을 잘한다는 말이 된다}

= 자기를 먼저 지키고

아무리 위대한 일을 해도

내가 나를 지키고 그 위대한 일을 해야 한다

혹시 나를 지키기 위해서 그 위대한 일도 포기를 해야 한다

왜!

내가 살아야 하기 때문이다

내가 이 세상에 산 이유가 내가 성장해서 그 결과를

이웃과 나누는 것인데

내가

"자기를 먼저 지키며 살아야 한다"

이 단순한 창조적 지식을 모르고 살면 얼마나 불쌍한 일인가?

아무리 위대한 일이라도

"자기를 먼저 지키며 살아야 한다"

{{자기 + 시간 + 공간 = 역할} = 주인 역할을 잘한다는 말이 된다}

= 자기를 먼저 지키고 살아야 한다

그러면 이웃은 이 힘든 세상에서

나라는 그늘 속에 살고

내가 성장하면서 같이 서로 돕고 살아서, 이웃이 나에게서

즐겁고 재미나고 신나는 재미있게 살게 되었으니

이웃은 나를 얼마나 좋아하겠는가?

나를 지키고 살아야

누군가는 나를 통해서 이 세상에서 위로 받고 도움을 받아서 무사
히 이 세상 여행을 하게 된다

나를 지켜서 내가 이웃이 재미있고 즐겁게 해주어야 한다

그러면 이웃도 나에게 재미나고 즐겁게 해준다

이 세상에 그렇게 사는 것이다

"자기를 먼저 지키며 살아야 한다"

물고기는 공기가 보인다, 그러면 위험하다

물고기는 공기가 보이고 물은 보이지 않는다
사람은 물은 보이고 공기가 보이지 않는다

나를 지지해주고 도와주는 자는 보이지 않는다
나를 지지하지 않고 도와주지 않는 자는 보인다

물고기는 물이 보이지 않는다
물고기가 물이 보이면 얼마나 피곤하겠는가?

사람 눈에는 공기가 보이지 않는다
사람이 공기가 보이면 얼마나 피곤하겠는가?

사람이 물속에 들어가면 물이 보인다
고기가 공기 속으로 나오면 물이 보인다

사람이 물속에서 물이 보이는 것은 물속에서 살 수 없기 때문에
조심하라고 사람 눈에 물이 보인다

물고기가 공기 속에 오면 공기가 보인다

물고기는 공기 속에 살 수 없는 위험한 곳이기에 공기가 보인다

나를 지지해주고 도와주는 자는 보이지 않는다

그래서 고마움도 없다

그래서 짜증을 낸다

그래서 함부로 큰소리를 친다

나를 지지하지 않고 도와주지 않는 자는 보인다

그래서 고마움을 느낀다

그래서 짜증을 부리지 않는다

그래서 함부로 큰소리를 못 지른다

내가 사는 곳에서는

아무것도 보이지 않는다

내가 사는 곳밖에 가면 보인다

그래서

내가 사는 곳에 벗어나면 신기하게 보인다

내가 사는 곳에 있는데 안 보인 것들이 관광지에서는 보인다

무엇인가 보인다는 것은

익숙하지 않고 경험하지 않는 것은 보인다

익숙한 것은 안전한 것은 보이지 않는다

익숙하지 않고 잘 모르는 것은 보인다

늘상 있는 것은 눈에 안 보인다

늘상 나를 지지하는 것의 고마움이 안 보인다

늘상 있는 자들은 안 보인다

그래서 나도 늘상 있는 것들에 보이지 말아야 한다

늘상 있는 우주는 보이지 않는다

우주가 나를 늘상 있는 것으로 하면

나도 보이지 않아야 한다

누가 나를 보인다면

우주가 나를 보인다면

나는 나를 본 사람들에게 늘상 있는

안전한 내가 그들에게 못 되어 주고 있다

나랑 늘상 있는 것들은 눈의 안쪽에서 보이지 않는다

우주와 나는 구별이 안 되는 나는 없는 것이다

그것이 나와 함께 사는 자들에게 늘상 보이지 않게 되는 것이다

내가 보이면

내가 보이기 시작하면

나를 기준으로 누구는 살기 좋고 좋지 않고에 해당한다

항상 있는 것들이 보이기 시작하면

나에게 힘들게 하는 것이 나타난 것이다

그래서 내가 또 힘드니 나도 보이게 된다

사로가 보이게 되면

서로가 위험하게 살고 있게 되는 것이 된다

물고기는 물속에서는 물이 안 보인다

사람은 공기가 안 보인다

사람에게 갑자기 공기가 보이면 사람은 살 수가 없다

공기가 보여서 공기가 사람이 사는 데 더 힘들게 하기 때문이다

물고기가 물이 보이면 살기 힘들다

왜냐하면, 물고기는 물이 사는 데 신경을 써야 하기 때문이다

가족은 내가 사는 데 사실 보이지 않는다
나는 가족에 신경을 쓰지 않고 설 수 있는 이유다
가족도 내가 보이지 않는다
가족도 나를 신경 쓰지 않는다

가족이 나를 안 보이고 내가 가족에게 안 보이면
마치 물고기가 물이 안 보이듯이
살기 좋은 곳이다

물고기는 물을 떠나서 살 수 없다
사람은 공기를 떠나서 살 수 없다
나는 가족을 떠나서 살 수 없다

내가 보이지 않는다는 것은
이웃이 나의 어리석음, 나의 욕심을 못 느낀다는 것이다
그저 살아가는 것이다
그러나!
나는 이웃에게 함께해주고, 도와주고 참사랑 하며
살아 주면, 나는 이웃 눈에 보이지 항상 있는 것으로 여겨진다

내가 살 수 있는 것은 보이지 않는 구석이 있기 때문에 사는 것이

내가 살 수 없다는 것은 보이기 때문에 살기가 힘들다는 것이다,
내가 안 보이면 늘상 있으니, 나는 힘이 안 든다
그러나, 보이면 힘이 든다

물고기는
물고기는 보이고
물은 보이지 않는다

사람은
사람은 보이고
공기는 보이지 않는다

여백은 보이지 않고 글자만 보인다
여백은 나를 힘들지 않게 한다
안 보이는 것이기 때문이다
그러나 보이는 글자는 나를 힘들게 한다

물고기는 물에 힘들어하지 않고 보이는 물고기에 힘들다
사람은 보이지 않는 공기 때문에 힘들지 않고, 보이는 사람 때문
에 힘이 든다

그래서

보이지 않는 것에 감사하고 사랑해 주어야 한다

사람은 공기에 감사하고 사랑해 주어야 한다

물고기는 물에 감사하고 사랑해 주어야 한다

물고기는 보이는 물고기들을 용서해야 한다

사람은 보이는 사람들을 용서해야 한다

물속에서 물고기가 보이고 싶어서 보이는 게 아니기 때문이다

물속에서 보이는 물고기는 아마도 쓸데없이 행동을 해서 보일 것
이다 그것은 무지함이니 불쌍히 여겨 용서해라

사람도 보이는 자는 용서해주어라 그자는 보이고자 하는 의도보
다는 이 세상에 사는 것을 잘 모르기 때문이다

내가 보이지 않으려면 용서해주면 된다

그러면 그 보이는 자는 나를 볼 수 없게 된다

그래서 그자도 보이지 않는 것이 정상이라고 여겨서 그자도 보이
지 않게 된다

다시 말하면

물고기가 사는 것은 물이 보이지 않고

사람이 사는 것은 공기가 보이지 않는 이유다

또다시 말하면
보이지 않는 것이 사는 것이라면
아는 자는 살기 위해서 보이지 않는다
모르는 자가 보인다 그것이 위험한지도 모르면서

물고기는 물 밖으로 나오면 공기가 보인다 물고기에게 공기는 위
험하다
사람은 물속에 들어가면 물이 보인다, 사람은 물속에서 살 수 없
기 때문이다

물속에서 물고기가 보이면 잡힌다
공기 속에서 사람이 보이면 그 사람은 잡힌다

물속에서 물고기가 안 보이려면 물고기가 물이 되어야 한다
공기 속 사람이 안 보이려면 사람이 공기가 되어야 한다
사람과 공기가 같게 하기 위해서는
사람이 공기에 보이지 않아야 한다
공기가 사람을 못 보는 것은
사람이 공기와 같은 것은 사람이 공기에 아무런 영향을 미치지 않

기 때문이다

그저 사람도 공기가 흐르는 대로 흐르고

물고기도 물이 흐르는 대로 흐르면 된다

물고기는 공기가 보이고 물은 보이지 않는다

공기가 보이면 벌써 위험하다

사람은 물은 보이고 공기가 보이지 않는다

물이 보이면 벌써 위험하다

나를 지지해주고 도와주는 자는 보이지 않는다

사람이 보이면 벌써 도움을 주지 않는다

나를 지지하지 않고 도와주지 않는 자는 보인다 위험하다

사람이 보이는 벌써 나는 지지하지 않는다 위험하다

이 세상에 안전하게 사는 것은

내가 사는 곳에 보이지 않고

나와 함께 사는 자가 보이지 않으면 된다

   용서 그리고 사랑

그러면

우주는 그대로 있는 것이다

조용하고, 깨끗하고 청정한 그대로 있는 것이다

왜냐하면

우주는 아무것도 볼 수 없기 때문이다

불쌍하고 외로운 나

불쌍하고 외로운 나

약하고 싸움에 지는 나

이 불쌍하고 외로운 나는 지금 살고 있다

나도 사랑을 받고 살고 싶다

지금은 내가 불쌍함을 알고 사랑해준 아내가 있다

내 나이 지금 59살이다

나는 내가 외롭고 약한 나를 용서하고 사랑한다

지금 내가 지금 외롭고 약한 것은 분명히 이유가 있을 것이다

나는 지금 외롭고 쓸쓸하니!

과정 속에 나는 지금 내가 외롭고 쓸쓸하게 살았을 것이다

그러니 나는 지금 이 슬픔을 모두 받아들인다

지금 내가 현실 세계에서 인정을 받지 못하고

승진 철에 나는 나의 동기들은 승진의 축배를 드는데

나는 그늘에서 마음만 슬퍼하고 있다

현실 세계의 나는

먹고사는 문제에서 승자보다는 항상 실패한 나로 있다

이 또한 내가 과정의 결과물이기 때문에 완전히 받아들인다

"불쌍하고 외로운 나"

나는 전생에 지금 이렇게 사는 나를 만들어서

현생에 이렇게 근근이 살아가고 있다

혹시

좀 근사하고 정상적으로 살고 싶은 분은

지금 결과에 그렇게 살 수 있도록 과정을 그렇게 살아야 합니다

이 세상에서

바로 의로운 영혼의 세상으로 못 가면

다음 세상에서는

"불쌍하고 외로운 나"가 아닌

근사하고 양반이고 사랑받는 활기찬 나로 태어나게 과정을 잘 살

아야 한다

이 세상에서 불쌍하고 외로운 내가 되지 않으려면

내가 힘이 있고, 매력이 있어야 한다

신기하게 나에게는 그게 없다

그런 나를 혹시 힘 있게 매력 있는 나로 살게 해준
좋은 분들이 있다

천만다행이다
나는 그런 분들이 있어서
그 힘들고 외로운 세상을 잊고 살았다

나는
원래가
"불쌍하고 외로운 나"이다
내가 살짝
내면을 관리하지 못하면
바로 내면의 나는
"불쌍하고 외로운 나"로 돌아간다

나는 나의 과정이 천생 나의
"불쌍하고 외로운 나"을 아직 이겨 내지 못하고 있다

나를 그래도 인정해주는 나와 함께 사는 아내에게

무한정 감사하고 사랑한다
나는

이 세상에서 의로운 영혼의 세상으로 들어가고 싶다
더 이상
이 힘든 세상에 다시 오고 싶지 않다

초등학교 시절 약해서
강자에게 따돌림 당했던 것은 슬픈 일이었다
나는

"불쌍하고 외로운 나"
나는 이 세상이 끝나면 꼭 의로운 영혼의 세상에 들어가서
다시는
"불쌍하고 외로운 나"로 태어나고 싶지 않다

나는 신기하게
조금만 그래도
나는 외로움을 느낀다

요즘은 아내가 장모님 병간호를 해서

떨어져서 일요일을 보냈다
그리고 나는 주말 부부가 시작되었다
아내의 사랑 밖에 있어서 나는
외로움을 강하고 느끼고 있다

나는 어렸을 때
엄마에게서 떨어져서는 무척 외로움을 탔다

고등학교를
시골에서 도시로 왔다
엄마가 자취를 차려주고 내려갔다
엄마가 가신 후에 슬프게 서럽게 울었다

나는
겁쟁이여서
내가 할 수 있는 것에 의지해서 살았다
용기가 없어서

나는
시골 초등, 중등학교에서
내가 살 수 있는 길은

공부하는 것이었다

그래도 공부를 하면 좀 나를 지킬 수 있었다

그러나!

고등학교에 나는

공부로 나를 지킬 수가 없었다

모두들 다 공부를 잘했다

그래도 내가 나를 지키는 아주 작은 수비는 공부였다

"불쌍하고 외로운 나" + "겁쟁이"였다

나는 항상 결과를 보지 못했다

지금도 결과를 못 본다

아마도

"불쌍하고 외로운 나" + "겁쟁이" 나는

이 세상에서 함께 사는 자를

나는 남자이니까 아내인 여자를 만나는 것은

내가 기댈 언덕이니까

나는

"불쌍하고 외로운 나" + "겁쟁이" 나를 충분히

데리고 살 수 있는 여자가 나에게 왔을 것이다

나의 아내는 좋은 여자이다

나의 아내 30, 40 ~50까지

나는 나의 아내로부터

"불쌍하고 외로운 나" + "겁쟁이"로부터 느끼는 것은

아내가 나와 살기 어려웠을 것이다

나의 아내는

"불쌍하고 외로운 나" + "겁쟁이"로 사는 나를

무시하고, 그저 세상 사는 기술을 가지고 있어서 그렇게 살았다

아내가 있었지만 나는 여전히 외로웠다

내 나이 이제 59

내년이면 60이고, 나는 정년을 한다

나는 다시 나를 잘 보이고 지키는 힘이 없어진다

돈을 벌지 못한다

나의 아내가 불쌍하고 외로운 나를 어떻게 데리고 살까?

아내가

친정아버지 돌아가시고

친정 어머니가 노환이 시작되었고

살짝 나를
"불쌍하고 측은하게 여긴다"
조금 다행한 느낌이다

요즘은
그래도!
힘 빠진 나를 더 챙긴다

감사하고
감사한다
나는 어느 날 식탁에서 눈물을 흘렸다
내가 그래도 아내에게서 대접을 받고 있다 느끼니 눈물이 났다
현실 세상에서 산다는 것은
무척 힘들다

혼자서는 살기가 너무 힘들나
이 힘든 세상에 아내와 화합해서 살아야 한다
이것은 절실한 것이다

나는 아내와 같이 이 세상 끝에
의로운 영혼의 세상에 들어가고 싶다

몸을 가진 이 힘든 세상에서 의로운 영혼의 세상으로
아내와 같이 돌아간다

내가 먼저 가서
아내가 천수를 누리고 오면 나는 아내를 맞이할 것이다

내가 이렇게
철학자가 된 것은

불쌍한 나를 이 세상에서 살기 위함이요
아내와 같이 끝까지 살기 위함이다

나는
원래
"불쌍하고 외로운 나" + "겁쟁이"로
나를 선택한 아내는 똥 밟았을 것이다
이 세상에서 최악의 선택을 한 것이기 때문이다

우리 아내는 나를 선택해서
힘들게 살고 있다

아마도 당당한 자를 선택했으면
멋지게 살았을 것이다

아내는 의로운 영혼으로
나를 구하는 미션을 받았을지도 모른다
그래서
나의 아내는
그 내가 현실 세상에서 가장 어려운 시절에 나를 선택해 주었다

정상적인 자가
비정상적인 나를 선택한 것이다

다시 말하면
의로운 영혼이
사악한 영혼인 나를 만난 것이다

나는 나의 아내의 의로운 영혼의 참사랑을 받아서
의로운 영혼으로 바뀌게 될 것이다
내가 의로운 영혼이 되면

아내는 나를 의롭게 했기 때문에 미션 완수이다

나는 의로운 영혼이 되었기에 미션 완수다

우리 아내와 나는 의로운 영혼의 세상으로 돌아간다

나는 더 이상

"불쌍하고 외로운 나" + "겁쟁이"가 아니다

나는

더 이상 불쌍하지 않고

더 이상 외롭지 않다

나는 더 이상 겁쟁이가 아니다

나에게는 나를 사랑하고

나를 인정해주는 아내가 있다

우리들은 의로운 영혼이다

의로운 영혼은

서로 함께하고 서로 도와주고, 서로 참사랑 하며 산다

그러니!

"불쌍하고 외로운 나" + "겁쟁이"에서 벗어났다

나는 이제 사랑받고 신나고 강직한 내가 되었다

나는 내가 바로 의로운 영혼의 세상에 살 수도 있고

혹시 못 들어가서

다시 이 세상에 온다고 해도
나는
"사랑받고 신나고 강직한 내가 되었다"
나는 과정이 사랑받고 신나고 강직하니!
나의 다음 생은
"사랑받고 신나고 강직한 나"로 살 것이다

나는 이 세상을 살고 완전하고 안전하게 의로운 영혼의 세상으로
돌아간다

나는 지금 사는 것이 기회다
왜냐하면
나의 아내가 나를 철학자로 살게 만들었다
그래서 나는
의로운 영혼의 세상으로 가는 조건을 알게 되었다

그것은 바로
창조적 지식∞
의로운 영혼의 에너지∞

나는 이 조건을 충족하기 위해서 철학적 삶을 살고 있다

우리 부부는

음양의 조화를 통해서

함께

창조적 지식∞

의로운 영혼의 에너지∞를 만들어 가고 있다

꼭

이 세상에서 의롭게 살아서

사는 즐거움을 느끼며

점점 의로운 영혼의 세상이 가까이 오면 나는

나의 말년은 최고의 신나고 재미있고 기쁘게 살고

이 세상으로 지나서 의로운 영혼의 세상으로 간다

용서 그리고 사랑

초판 1쇄 발행 2025년 5월 20일

지은이   최성주
펴낸이   이기봉
편집   좋은땅 편집팀
펴낸곳   도서출판 좋은땅
주소   서울특별시 마포구 양화로12길 26 지월드빌딩 (서교동 395-7)
전화   02)374-8616~7
팩스   02)374-8614
이메일   gworldbook@naver.com
홈페이지 www.g-world.co.kr

ISBN   979-11-388-4271-6 (03200)